15事例による 相続パターン別

よくわかる
相続登記申請のしかた

司法書士法人浅井総合法務事務所
浅井健司・青山直加・櫻井菜美子 共著

ビジネス教育出版社

はじめに

　相続登記の手続は自分でもできます。そして、自分でやるならば「正しく」、理解した上で「ちゃんと」やるべきです。

　筆者である私たちは司法書士であり、相続登記の専門家として、日々、依頼者の方の相談を受け、また、相続登記の手続を行っています。そんなプロがたくさんの事例を掲載し、手続のノウハウを惜しみなく伝え、わかりやすく説明したのが本書です。数ある書籍の中から本書を手に取っていただけたことを嬉しく思います。

　令和6年4月から相続登記義務化に関する法改正がなされました。テレビ、新聞やインターネットで取り上げられる等、マスコミの報道も活発に行われています。

　「義務化」という大きな制度変更を受けて、これまで相続登記手続に関心のなかった方やご自身の相続登記手続を放っておいた方も、不安になっているのではないでしょうか。なかには、間違った情報・大切なことが抜け落ちた情報のために勘違いをしていたり、情報量の多さにパニックを起こしていたりする人もいるようです。

　まず、「何が必要な情報なのか」「自分の場合はどうすべきなのか」「自分は（時間的にも・能力的にも）自身で相続登記の申請ができるのか」を理解していただくことが大切です。そして、「自分で対応するために役立つ」正しい情報やポイントに気付いていただくきっかけが本書になれば幸いです。

　ただ、誠に勝手ながら、本業についてのノウハウを書いた書籍を発刊するのは、専門家としての悩ましさもあることをご理解ください。というのも、私たち司法書士が担っている「相続手続を皆さんの代わりに行う仕事」は、ケースごとに手続が異なる複雑な仕事であり、またちょっとしたミスがトラブルの元になりかねない怖い仕事です。そ

3

の手続を皆さんご自身でする方法をお伝えするということには、たとえるなら、自動車屋さんが「車検を自分で受けるにはどうすればよいか？」を、または、キノコ農家さんが「キノコの狩り方と種類の見分け方」を一般の人に伝えるような難しさを感じているのです。相続登記を自分で申請することについて、能力や性格、慎重さ、実際に対応する前に準備期間がどれくらいあるかなど、いろいろ状況に違いがあり、私の経験的にも、相手の「自分でできる・できない」の判断は非常に難しいものであるとも考えています。

　私たちはプロだからこそ、事故は起こして欲しくなく、できるだけスムーズに皆さんの希望を叶えて欲しいと思っています。そして、ただ手続する方の「自己責任」と言うのではなく、それぞれ見落としてはいけないポイントを押さえ、慎重に目的達成して欲しいという想いもあります。ですので、本書には一般的には「自分でやらない難しい手続（限界）」や想定される難易度、アドバイスについても記載しました。

　私たち司法書士は、普段から依頼者の代わりに「安心安全、より慎重に」をモットーに業務、法的リスク発見の勉強を常に行い、また、続けていきます。

　本書は、そんな真面目に悩んで、でも堅苦しくならないよう、気取らず執筆した書籍です。

令和7年2月　　　　　　　　　　　　　執筆代表　司法書士

　　　　　　　　　　　　　　　　　　　浅井　健司

本書の使い方

○自分で相続登記をしたい「本書の対象者」

- パソコンでWord等の文書ソフトを利用し、印刷ができるスキルと環境がある人

  →手書きを想定している人はちょっと厳しい。最低限の事務作業のスキルは必須です。

- 自分一人で家電やDIYの取扱説明書を読んで、理解して、組立てや設置ができる人

  →安易に取り組むのは事故の元。結果として時間もお金も余分にかかってしまうこともありうるので、そういうことが苦手な方は、最初から専門家に依頼しておくのが無難です。

○本書を読む順番

- おススメ　最初から順番に読む

  ①「相続登記義務化と不動産登記」の概要をつかむ（14ページ〜）

  ②「相続登記の流れ」を理解した上で、パターン1（チャート図）またはパターン2（イラスト図解）から自分の状況と同じような相続事案を選択する（28ページ〜）

  ③選択した事例の該当ページに目を通した上で、申請書の添付情報の必要箇所を読む（40ページ〜および72ページ〜）

  ④自身の案件が「難易度の高い相続登記」に該当しないか確認する、また、専門家に依頼するか自分でやりきるかいったん立ち止まって考える（148ページ〜）※興味のあるコラムも読んでみる

  ⑤自身でやりきると判断したなら

  →本書を見ながら申請書の作成を行い、必要な協議書等を作成・必要書類を収集・相続人らから押印をもらう

  ⑥法務局へ申請

・すぐに取り組みたい人（申請書・協議書の書き方を知りたい人）

①「相続登記の流れ」を理解した上で、パターン１（チャート図）またはパターン２（イラスト図解）から自分の状況と同じような相続事案を選択する（28ページ〜）

②本書を見ながら申請書および遺産分割協議書等を作成（40ページ〜および72ページ〜）

③必要書類について確認した上で収集を行う

④法務局へ申請

・既に相続登記申請に取り組んでいて、書類作成等に困って本書を手に取った人

→自身が必要とする申請書のページを読む

→困っている添付書類・登録免許税の解説等を参考に書類を作成する

○難易度の表示（※あくまで目安としての参考です）

難易度	本書の活用方法
★	仕組みを理解して、自分でやってみましょう。
★★	大変ですが、仕組みが理解できれば、挑戦してみましょう。
★★★	本書では専門家へ依頼をお勧めするレベルです。難しい判断もありますが、ご自身で取り組む場合はしっかり仕組みを理解して、丁寧に対応しましょう。
★★★★	本書で解説するレベルを超えた、一般的には専門家でも骨が折れるレベルです。専門家と相談して対応をしていきましょう。

Contents

はじめに

本書の使い方 ……………………………………………………………… 5

第1章 まずは準備運動〜相続登記義務化とは

1　相続登記義務化とは ……………………………………………… 14

2　相続登記義務化に違反した場合の罰則 ……………………… 15

◆大前提：相続登記をしなくても、不動産の権利（名義）を失うわけ
ではない ……………………………………………………………… 15

◆誤解されがちな相続手続の期限 ……………………………………… 15

◆登記官が通知して初めて課されるペナルティ＝過料の仕組みの流れ …… 17

◆過料（ペナルティ）の例外 ……………………………………… 18

3　それでも、相続登記をしたほうが良い理由（困難案件を生まないた
めに） ……………………………………………………………… 21

4　ところで、「登記」って何なの？ ……………………………… 23

第2章 スタートとコース選択 〜あなたに当てはまる事例は？

1　相続登記の流れ …………………………………………………… 28

2　相続登記の15事例〜あなたがつくるべき申請書はどれ？ …… 30

パターン1　チャートから選ぶ15事例 ………………………………… 30

パターン2　イラストからイメージして選ぶ15事例 ……………… 32

A　父が亡くなった場合（父だけが不動産の所有者の場合）………… 32

事例1　母が相続する ………………………………………… 32

事例2　母と子が相続する ………………………………… 32

事例3　母と子が法律で決められた割合で相続する（遺産分割
協議はしない）………………………………………… 33

B　父が亡くなった場合（父が不動産の一部（持分2分の1）を持って
いた場合）……………………………………………………………… 34

7

事例4　母が相続する ……………………………………………………34

事例5　母と子が相続する …………………………………………34

C　妻子のいない兄が亡くなった場合（兄だけが不動産の所有者の場合）
　　　………………………………………………………………………………35

事例6　弟が相続する ………………………………………………………35

事例7　代襲相続：弟が兄より先に亡くなっている場合、甥
　　　（弟の子）が相続する …………………………………………………35

D　代襲相続：祖父が亡くなったが、祖父より先に父が亡くなっている
　　場合（祖父だけが不動産の所有者の場合）……………………………36

事例8　孫が相続する（父には兄弟姉妹がいない）………………36

事例9　孫が相続する（父には兄弟姉妹がいる）…………………36

E　数次相続：祖父が亡くなった後に、父が亡くなった場合（祖父だけ
　　が不動産の所有者の場合）………………………………………………37

事例10　孫が相続する（父には兄弟姉妹がいない）…………………37

事例11　その後に母も死亡し、孫が相続する（父には兄弟姉妹が
　　　いない）………………………………………………………………………37

事例12　孫が相続する（父には兄弟姉妹がいる）……………………38

事例13　孫が相続する（父には兄弟姉妹がおり、兄弟姉妹も亡く
　　　なった）………………………………………………………………………38

F　その他の相続登記 …………………………………………………………39

事例14　遺言による相続……父が「妻に不動産を相続させる」と
　　　いう遺言をしていた場合 ………………………………………………39

事例15　裁判所で相続放棄手続をした人がいる場合……子の一部
　　　が相続放棄をした場合 …………………………………………………39

❸　相続登記申請書の作り方：申請書面（ひな型と解説）………………40

A　父が亡くなった場合（父だけが不動産の所有者の場合）……………40

事例1　母が相続する（母のみが相続する）…………………………40

事例2　母と子が相続する（遺産分割協議で割合を決める）………42

事例3　母と子が法律で決められた割合で相続する（遺産分割協
　　　議はしない）…………………………………………………………………44

B　父が亡くなった場合（父が不動産の一部（持分2分の1）を持ってい
　　た場合）………………………………………………………………………46

8

事例4　母が相続する（持ち分を母のみが相続する）……………………46

事例5　母と子が相続する（遺産分割協議で割合を決める）………48

C　妻子のいない兄が亡くなった場合（兄だけが不動産の所有者の場合）
……………………………………………………………………………………50

事例6　弟が相続する………………………………………………………50

事例7　代襲相続：弟が兄より先に亡くなっている場合、甥（弟
の子）が相続する…………………………………………………52

D　代襲相続：祖父が亡くなったが、祖父より先に父が亡くなっている
場合（祖父だけが不動産の所有者の場合）……………………………54

事例8　孫が相続する（父には兄弟姉妹がいない）………………54

事例9　孫が相続する（父には兄弟姉妹がいる）…………………56

E　数次相続：祖父が亡くなった後に、父が亡くなった場合（祖父だけ
が不動産の所有者の場合）……………………………………………………58

事例10　孫が相続する（父には兄弟姉妹がいない）………………58

事例11　その後に母も死亡し、孫が相続する（父には兄弟姉妹が
いない）………………………………………………………………60

事例12　孫が相続する（父には兄弟姉妹がいる）…………………64

事例13　孫が相続する（父には兄弟姉妹がおり、兄弟姉妹も亡くな
った）…………………………………………………………………66

F　その他の相続登記…………………………………………………………68

事例14　遺言による相続……父が「妻に不動産を相続させる」とい
う遺言をしていた場合…………………………………………68

事例15　裁判所で相続放棄手続をした人がいる場合……子（長女）
が相続放棄をした場合…………………………………………70

4　申請書に添付する書類（添付情報）………………………………………72

(1)　法務局への提出書類……………………………………………………72

❶　登記原因証明情報…………………………………………………72

❷　住所証明情報………………………………………………………76

❸　検索用情報証明情報………………………………………………77

❹　評価証明書…………………………………………………………77

(2)　法務局への提出方法……………………………………………………78

9

第3章 ゴールに向かって進め!! 〜書類の集め方・読み方・書き方

1 相続登記のあれこれ……………………………………………82
 ◆不動産登記簿（不動産登記記録）の確認方法と申請書への書き方……82
 (1) 登記されている内容の確認方法……………………………82
 (2) 申請書への書き方……………………………………………83
2 戸籍の読み方・集め方…………………………………………88
 (1) 戸籍の読み方…………………………………………………88
 (2) 戸籍の収集方法………………………………………………102
 (3) 戸籍の種類……………………………………………………105
  ① 戸籍謄本（戸籍全部事項証明書）………………………105
  ② 除籍謄本（除籍全部事項証明書）………………………106
  ③ 改製原戸籍謄本……………………………………………106
3 遺産分割協議書の書き方………………………………………109
 (1) 遺産分割協議書の書き方……………………………………110
 (2) 遺産分割協議書作成のポイント……………………………114
 (3) 不動産の共有リスク…………………………………………114
 (4) 税金について…………………………………………………116
 (5) 協議をすることが難しい、できない相続人がいる場合…117
4 登録免許税の計算の仕方………………………………………122
 (1) 不動産登記申請の課税価格…………………………………122
 (2) 登録免許税の計算……………………………………………124
 (3) 印紙の買い方・納め方………………………………………125
5 相続人申告登記…………………………………………………129
 (1) 相続人申告登記とは…………………………………………129
 (2) 申出先…………………………………………………………129
 (3) 相続人申告登記の特徴………………………………………130
 (4) 注意点…………………………………………………………131
 (5) 必要書類………………………………………………………132
 (6) 申出書の書き方………………………………………………137
 (7) 申出方法………………………………………………………140

⑻　職権登記完了通知の受取り……………………………………………140
⑼　相続人申告登記完了後の登記事項証明書のイメージ………………142
⑽　Webで申請する場合……………………………………………………143
⑾　相続人申告登記の変更・更正…………………………………………144
⑿　相続人申告登記の抹消…………………………………………………145

第4章　タフなコースには要注意!!　～難易度の高い相続登記

1　大変な相続登記のパターンと事前対処…………………………………148
　⑴　住所 ・ 氏名がつながらない相続登記…………………………………148
　⑵　認知症等の相続人がいる………………………………………………150
　　①　成年後見制度………………………………………………………150
　　②　成年後見制度の申立て準備にかかる期間・審判までの時間………150
　　③　成年後見制度の準備～審判までの具体的な流れ…………………151
　　④　成年後見制度の申立て費用等……………………………………151
　⑶　連絡が取れない相続人がいる…………………………………………152
　⑷　代襲相続、数次相続で相続人が何十人もいる………………………154
2　スムーズな相続登記にむけて～相続発生前の好ましい事前対策………158
　⑴　遺言書での事前準備……………………………………………………158
　⑵　成年後見制度、任意後見制度…………………………………………161
　⑶　民事信託（家族信託）の活用…………………………………………164

第5章　スタート前のリサーチは大事　～相続登記と専門家の選び方・費用

1　相続登記が自分ではやりきれない場合…………………………………166
2　相続登記の専門家とは……………………………………………………167
　⑴　不動産の名義変更の専門家は「司法書士」…………………………167
　⑵　司法書士に相続登記を依頼するメリット……………………………167

11

(3)　司法書士に依頼するか、弁護士に依頼するか……………168
　(4)　専門家の選び方、頼み方、探し方……………168
3　専門家への依頼から完了までの期間……………173
4　専門家の費用……………174

おわりに

コラム

自分で相続登記がしたい！ それとも、頼むべき？……………24
相続人がいない、または共有者の一部と連絡が取れない状況で、長年処分
に困っている不動産の対応……………63
海外に住所がある相続人がいる場合の対応……………85
遺産分割協議が上手くいかない場合……………89
相続時の銀行手続、証券会社手続……………95
住宅ローン等の抵当権が残っている相続……………98
所有不動産記録証明制度とは（令和8年2月2日施行）……………107
相続土地国庫帰属制度……………119
原野商法等で取得してしまった山林などの不動産の相続……………127
法定相続情報証明制度とは……………156

❖　専門家からのワンポイントアドバイスを参考に検討してみましょう。

第1章

まずは準備運動
～相続登記義務化とは

1 相続登記義務化とは

☞難易度 ★

　「相続登記が義務化されたから、不動産の名義変更をしないと罰金を払うことになるらしい。」そんな話に困惑されている方もいらっしゃるかと思います。そもそも、不動産の名義変更（相続登記）は、「権利」であって、「義務」ではありませんでした。

　それが、令和6年4月1日からの法改正がなされ、**相続があったことを知って**（親等が亡くなったことを知って）、**また、その相続で不動産の名義**（持ち分を含む）**が自分のものになること**（自分にもその不動産をもらう法的な権利があること）**を知った時から、3年以内に登記手続の申請をしなければならなくなりました。**そうしないと、10万円以内の過料[※1]が課されることになりました。

これまで相続登記が任意であったことにより、所有者が不明な不動産が増加してしまったことがこの法改正のきっかけです。所有者不明の不動産が増えたことにより、道路工事や震災の復興事業等の公共工事、民間の不動産流通が停滞してしまう等、社会問題になっています。

POINT　これから発生する相続だけでなく、これまでに発生している相続もこの法改正の対象です。ただし、既に発生している相続の申請義務の履行期間は3年間の猶予期間がありますので、令和9年3月31日までに相続登記をすれば、過料の対象にはなりません。

※1　行政上の義務違反に課せられるペナルティ。交通違反などの刑事罰ではないので「罰金」という名称と区別されています。

2 相続登記義務化に違反した場合の罰則

☞難易度 ★

◆大前提：相続登記をしなくても、不動産の権利（名義）を失うわけではない

先にも説明した通り、相続登記義務に違反（申請はしたが期限内に間に合わなかった、または、申請をせずに放置した）としても、あくまで過料の支払いが必要になるだけです。**相続登記をしないからといって、不動産を相続した権利を失うものでもありません。**

> **POINT** 相続登記がなされていなくとも、固定資産税の支払い等は免除されるものではありません。登記の名義を変えていなかったとしても、亡くなった人宛（または代表となる相続人の一人）に納税通知は届きます。これを払わず、督促を無視すれば、市町村から不動産を差し押さえられたり、強制競売等の対象になります。

◆誤解されがちな相続手続の期限

相続の手続に期限があるものとして、最も有名なのが**「相続税の申告・納付」の10か月の期限**です。こちらは税務署で行う手続であり、対象者は相続登記手続をする・しないにかかわらず対応しなければなりません。期限を超えてしまうと、無申告加算税や延滞税が発生し、特例や控除が使えなくなってしまう場合があります。なお、相続税の申告の要否は、相続財産が一定額を超えるか否かにより変わり、また、その一定額も相続人の人数によって変わってきます。心配な方は税務署や税理士に相談することをお勧めします。

第1章　まずは準備運動　**15**

> **POINT** また、令和5年4月1日から「**相続開始から10年経過後の遺産未分割の取扱い**」も相続登記の義務化とは別の話として施行されています。こちらは「遺産分割協議の期限が10年」と定められたわけではありません。もちろん、相続人全員が合意すれば、相続開始から10年経過後でも、具体的相続分[※2]による遺産分割はできます。

上記の話は少し難しい話になりますが、**相続開始から10年を経過した時点で、具体的相続分における特別受益**[※3]**および寄与分**[※4]**の規定は適用されなくなったこと**、つまり、相続開始10年経過後は、原則として「**法定相続分**[※5]」または「**指定相続分**[※6]」によることとなりました（民法904条の3）。なお、経過措置により、既に発生している相続については施行日から5年間の猶予期間がありますので、令和10年4月1日までならば、具体的相続分による遺産分割ができます。

※2 具体的相続分：法定相続分や指定相続分を前提に、個別の事情により調整した相続分。

※3 特別受益：亡くなった方が生前に一部の相続人に対して行った特定の贈与や利益を特別受益といいます。具体例としては、不動産の贈与、結婚資金の提供、事業資金の援助などが挙げられます。

※4 寄与分：亡くなった方の財産の維持や増加に特別な貢献をした相続人が、その貢献に応じて遺産分割で多くの分配を受ける権利のことを寄与分といいます。具体例としては、亡くなった方の介護を長期間行ったり、事業を助けて大きく成長させたりした場合などがそれに当たります。

※5 法定相続分：民法によって定められた相続財産の分割割合。法定相続分はあくまで基本的な指針であり、相続人同士の合意や遺言によって変更することが可能です。

※6 指定相続分：法定相続分と異なり、亡くなった方が遺言などを通じて個別に定めた相続分。

相続人間で話し合わなかったことで損する人が発生し、不満につながる恐れがありますので、遺言書がないケースでは、相続発生後には、忘れずに遺産分割協議書を作成しておくことが大切です。

◆登記官が通知して初めて課されるペナルティ＝過料の仕組みの流れ

　相続登記の義務化の過料については、法務省から具体的なルールが示されています。本書発刊時点ではまだ過料の手続の運用はスタートしていませんので、不明確な点はありますが、相続登記をせずに、3年経過したら、すぐに（常に）対象者全員に過料の請求書が届くわけではないと考えられます。

　過料の仕組みとしては、

①法務局で登記の受付や審査を行っている登記官が、職務上、過料に該当する事案があることを知る

②対象の人に対して相当期間を定めて、相続登記の申請をすべきと知らせる（催告）

③それにもかかわらず、その期間内にその申請がなされない

④遅滞なく、管轄地方裁判所にその旨を知らせて、裁判所が対象者に過料の支払いの請求（通知）をする

という流れが原則になります。

この相続登記申請の義務に違反していることを確認されるタイミング等によっても過料の通知が届くタイミングは変わりますし、義務違反した期間等によっても過料の金額が変わってくると考えられます（10万円以下の過料とは、必ず10万円の過料ではなく、最大額が10万円の意味）。ただし、結局は相続登記をせずに不動産を流通させることができない現実を考えると、ただ見落とされて、運よく過料が課せられないとは考えにくいので、ちゃんと対応はしておくべきでしょう。過料が課されないように法務局に申告する手続（相続人申告登記→129ページ参照）等もありますので、相続登記手続を期限内に終えられないとしても、それらの対応をしておくことが賢明です。

◆過料（ペナルティ）の例外

　相続登記義務化による過料の取扱いにおいて、相続登記が行えない「正当な理由」がある場合は、その対象とならない例外があるとされています。具体的には、その人が病気や認知症等で相続登記の申請ができない場合や、裁判等で相続について争っている場合が挙げられます。以下の表に詳細な内容を挙げますが、口頭で登記官に伝えれば良いものではなく、状況を説明できる文書等の要求があるものと考えられます。

	過料に対する例外[7]
①	相続登記等の申請義務に係る相続について、相続人が極めて多数に上り、かつ、戸籍関係書類等の収集や他の相続人の把握等に多くの時間を要する場合
②	相続登記等の申請義務に係る相続について、遺言の有効性や遺産の範囲等が相続人等の間で争われているために相続不動産の帰属主体が明らかにならない場合
③	相続登記等の申請義務を負う者自身に重病その他これに準ずる事情がある場合
④	相続登記等の申請義務を負う者が配偶者からの暴力の防止及び被害者の保護等に関する法律第1条第2項に規定する被害者その他これに準ずる者であり、その生命・心身に危害が及ぶおそれがある状態にあって避難を余儀なくされている場合
⑤	相続登記等の申請義務を負う者が経済的に困窮しているために、登記の申請を行うために要する費用を負担する能力がない場合

例外があるからといって、ご自身のケースが
「相続人が5名もいるから極めて多数といえるよね？（→もちろん、言えません。）」
「相続人らと仲が悪いから例外に該当する（→ただケンカをしている・連絡をとりたくない等とは違います。）」
「自分はお金がないから無視してよい（→相続財産を承継しているのだから、このケースはかなり稀です。）」等、安易な判断はしないようにしましょう。

※7　令和5年9月12日付け法務省民二第927号民事局長通達

第1章　まずは準備運動

遺産分割の結果、不動産を取得しなかった相続人は相続登記の申請義務はないので、過料は課されません。

相続放棄をした相続人は、相続登記申請義務の対象者ではありません。ただし、相続放棄をした人がいることで、相続権が次の順位の人に移ります。新たに相続人になった人は相続登記義務が適用されるので注意しましょう。

☞難易度 ★

3 それでも、相続登記をしたほうが良い理由（困難案件を生まないために）

「なんだ、相続登記を3年以内にしなくても、過料を支払うことは絶対じゃないからそんなに心配しなくていいのか」と考える方もいらっしゃるかもしれません。しかし、相続登記を放置したほうが良いなどということは、まず、ありません。プロだからこそ、そう考えます。

～相続登記を放置して、特に困ること～

・数次相続（相続の後に次の相続人にも相続が起こること）の発生
　→相続人間の連携が複雑になり、疎遠な親族もでてきます。さらに手続が困難になり、手間や時間も増えます。自分で相続登記をするのは難易度が増して困難になるでしょう。
・責任の所在がわからなくなる（固定資産税の支払い・建物の修繕等）
　→誰のものになるか決まっていない不動産や、ひょっとしたら自分のものにならない不動産に、税金の支払い、リフォーム等はしにくいもの。権利だけ主張して義務を履行しない都合の良い考え方はトラブルの元。
・売買や贈与、担保設定（住宅ローン）ができない
　→相続登記が終わっていなければ、現実的には売買や贈与の名義変更が行えません。また銀行とローンを組む時の担保にもできません。
・次の代（子どもや孫）に迷惑をかける（義務違反を残す）ことになる
　→登記官が義務違反に気付かない限りにおいて、過料の請求をされることがないようにも考えられる実務運用ですが、それは過料の支払いを次の世代に先送りしているだけでしょう。過料という借金を後世に残すような対応は避けたいものです。

第1章　まずは準備運動　21

> **POINT** ただし、相続登記を考えなしに無理に推し進めてしまうのも問題です。**悩ましい場合は専門家に相談して、どうしたほうがご自身やご家族のためになるか、しっかり考えてから判断しましょう。**判断がつかない場合は、後述する「相続人申告登記」(129ページ参照)等の利用も検討しましょう。

とりあえず法定相続分の割合で登記をすれば過料は避けられるかもしれませんが、後々、やっぱり誰か一人の名義にしたい、割合を変えたいとしても、手続が煩雑になったり、余分に登録免許税(名義変更のために法務局に納める税金)がかかったりすることがあるので、慎重さも大切です。

不動産はできれば単独所有で相続するのが基本です。不動産売却やその後の管理・運用・納税のことを考えると、共有名義にしたために対応に困ってしまうケースもありますので、注意が必要です。

4 ところで、「登記」って何なの？

☞難易度 ★

　不動産登記とは、土地や建物に関する情報（所有者、面積、担保の有無など）を、法務局が管理する「登記記録（通称「登記簿」と呼ばれています。）」に記載し、これを広く社会に公開することによって、不動産取引の安全を図るための日本の制度です[8]。

　誰が不動産の名義を持っているか、その権利がどのような状況かを誰でも法務局で登記記録を確認できるようにして（公示）、その人やその人と取引等をする人が、間違ったり、不正な取引に巻き込まれたりしないようにする役割を担っています。

　詳しくは不動産登記簿の解説（相続登記のあれこれ　82ページ参照）で内容の詳細を解説します。

　司法書士は、不動産の売買、贈与、相続などによる名義変更や、抵当権、借地権に関する登記など、不動産の権利に関する登記についての手続を代理して行います。

　日本における不動産登記申請業務は司法書士が担っており、不動産に関する様々な権利関係について、人・物・意思などの確認を行いながら、市民権利の保全に寄与しています。

---

[8]　日本司法書士会連合会HPより 日本司法書士会連合会｜司法書士の業務 (https://www.shiho-shoshi.or.jp)

コラム

自分で相続登記がしたい！
それとも、頼むべき？

　自身の相続登記申請がどれくらいの難易度か目安として簡易判定してみましょう！

　以下の9つの **Q** から回答を1つずつ選択して、チェックした左の点を合計すると、あなたのおおよその状況が把握できます。

			点数	チェック
Q1	パソコンなどが自分で扱えて書類作成ができる	できる	0	
		あまり得意ではない	2	
		できない	4	
Q2	戸籍収集等の作業が自分でできる	できる	0	
		自分だけではあまり自信がない	1	
		直系以外の相続人がいるので他の相続人の手助けが必要	2	
		無理	4	
Q3	難しい言葉や法律用語への苦手意識	問題ない	0	
		やや苦手	2	
		無理	4	
Q4	相続人の数	少ない（1〜3名）	0	
		それなりにいる（5名前後）	1	
		多い（8名以上等）	3	
Q5	時間の余裕	半年以上の余裕がある	0	
		3か月以内	1	
		1か月以内	3	

Q6	相続人となる人た ちとの人間関係	相続人みんな仲が良い	0	
		年に1回会う程度	1	
		3年以上交流がない	2	
		会ったことがない相続人がいる	3	
Q7	相続の複雑さ	シンプルな内容（親から一人の子へ等） の相続	0	
		ややイレギュラーな内容（子のいない 兄弟からの名義変更等）の相続	2	
		代襲相続や数次相続などが起こってい る等難しい相続関係になっている	3	
Q8	費用に関するモチ ベーション	自分でやりきる強いモチベーションが ある（お金はかけたくない・かけられ ない）	0	
		できるなら自分でやってみたい（お金 はできればかけたくない）	1	
		他の相続人から頼まれただけで、自分 でやりたいわけではない	2	
Q9	やりきれる環境	経験したことがある　または身近に経 験者や相談できる人がいる	0	
		経験はないが仕事が事務職等で手続に 馴染みがある	0	
		役所関係の手続が億劫で面倒だ、また は苦手意識がある	1	
		相談相手がいない、または相談するコ ミュニケーションに自信がない	2	
		相続登記手続は申請書の該当欄に名前 を書いて（またはひな型をコピペし て）、法務局に出す程度の手続だと考え ている	5	
		計		

〔合計点〕

0～1　是非自分でやりきりましょう！

2～5　やり切れる可能性は十分。あとはやりきる強い気持ちが大切です。

6～8　なかなか大変ですが、覚悟をもって本書をしっかり読み込み、取り組んでみましょう！

9～12　厳しい条件と環境のようです。難しければ専門家に依頼することも検討してみましょう。

13～　一般的には、専門家の助けを借りたほうがよい状況でしょう。

※あくまで目安に過ぎません。点数が多くても自分でやりきることは可能ですし、点数が少なくても事情によっては決して簡単でないケースもあります。

第2章

スタートとコース選択 〜あなたに当てはまる事例は?

☞難易度 ★

1 相続登記の流れ

相続登記の手続は、次の順番で進めることが一般的です。

法務局への書類提出までの順番（①〜④）は、同時進行または前後してもかまいません。

① **遺言書の存在の確認**

被相続人（亡くなった方）が遺言書を残している場合、その内容を確認します。遺言書がない場合は法定相続分に従うか、相続人全員で話し合って、遺産分割協議[※1]で分けることになるので、次のステップに進みます。

② **相続人の確定→88ページ参照**

亡くなった方が生まれてから亡くなるまでの戸籍謄本などを取得して、財産を相続する権利がある人を確定します。

③ **遺産分割協議書の作成→109ページ参照**

相続人全員で相続財産の分け方について遺産分割協議を行い、その内容を記載した遺産分割協議書を作成します。全員の署名と実印での押印、また、実印であることを証明するために印鑑証明書が必要になります。

④ **登記の申請書や添付書類の準備→40ページ参照**

登記申請書を作成します。また、申請書に添付すべき書類を取得します。

登録免許税（登記申請の際、法務局に支払う税金）を計算し、申請

※1 誰がどの財産をどれだけ（どんな割合で等）相続するか、を相続人全員で話し合って決めること。

書ごとの納付額の収入印紙を準備します。

　添付書類の原本還付（原本を返してもらう手続）が必要であれば、コピー等をとって提出準備をします。

⑤　**登記申請**

　不動産のある管轄の法務局に登記申請書と添付書類を提出します。

　申請と同時に登録免許税を納付するので、申請書に収入印紙を貼付して支払います。

⑥　**法務局の審査**

　登記申請をすると法務局で申請内容が審査されるので、完了まで待ちます（地域や時期によって差がありますが、通常１週間から３週間程度、長ければ１か月以上かかります。）。

　もし申請書類等に不備があると法務局から補正の連絡（申請内容等の誤りを訂正することを指示する連絡）が入るので、すぐに対応します。

⑦　**登記手続処理の完了後**

　登記完了予定日を過ぎたら、法務局に登記が完了しているかどうかの確認をします（登記が完了しても、法務局から連絡があるわけではありません。）。

　登記が完了していれば、相続した不動産の新しい登記簿謄本を取得して、申請内容が正しく反映されているか確認します。窓口または郵送で、新しく発行された登記識別情報通知（権利証）や遺産分割協議書など原本還付書類を受け取ります。

相続登記申請のゴール

第２章　スタートとコース選択　　**29**

2 相続登記の15事例
☞難易度 ★

〜あなたがつくるべき申請書はどれ？

パターン1　チャートから選ぶ15事例

Q1
亡くなった人が遺言書を書いていた ──YES──

↓NO

Q2
相続人の中に、家庭裁判所での
相続放棄の手続をした人がいる

↓NO　　↓YES
　　　　（事例15）

Q3
今回の相続対象の不動産を持って
いたのは、「親」または「配偶者」である

↓NO

Q8
亡くなったのは自分の「兄弟姉妹」だ

↓NO　　↓YES
　　　　　　──→（事例6）

Q9
亡くなったのは自分の「おじ」や「おば」である

↓NO　　↓YES
　　　　　　──→（事例7）

Q10
亡くなったのは「祖父」または「祖母」で、
祖父母の子（自身の親）が亡くなったのは　相続発生前

↓相続発生後

Q12
自分の親に兄弟姉妹（自分から見て ──NO──→
「おじ」や「おば」）がいる

↓YES

Q13
その「おじ」「おば」もすでに亡くなっている

↓NO　　↓YES
（事例12）（事例13）

Q4
この不動産を一人で
相続するまたは複数
人で相続する ──── 一人で相続する

↓二人以上で相続する
（共有する）

Q6
相続財産を分ける際に
遺産分割協議をする　　しない
　　　　　　　　　　（法定相続割合）

↓する

Q7
相続対象の不動産は一人が ──── YES
単有していた所有権である
　　　　　　　　　　NO
　　　　　　　　　　共有持分を
　　　　　　　　　　さらに
　　　　　　　　　　共有する

Q14
もう一方の自分の親は生きている

↓YES　　↓NO
（事例10）（事例11）

30

亡くなった方の相続発生
（※相続する人の視点から見た、申請書の選び方チャート）

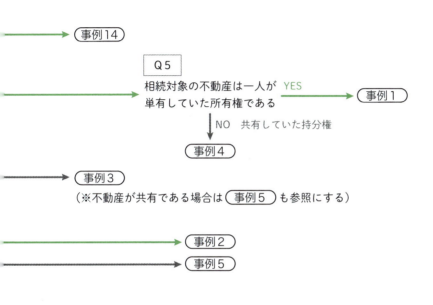

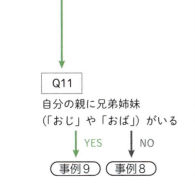

本書では、一般的に汎用な事例を
15パターン列挙して解説しています。
家族構成や亡くなる順番によって、
パターンは際限ありませんが、
複数の事例を組み合わせることによって
申請書を完成していくことも可能です。
※簡易なチャートであるため、亡くなる
　順番や家族構成等により、事例の想定
　と異なる結果となる場合もありますの
　で、あらかじめご了承ください。

パターン2　イラストからイメージして選ぶ15事例

A　父が亡くなった場合（父だけが不動産の所有者の場合）

事例1　母が相続する　（⇒P 40）

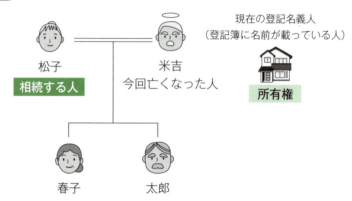

父米吉の所有していた不動産は相続人全員の話合い（遺産分割協議）により母・松子が相続することになったケース

事例2　母と子が相続する　（⇒P 42）

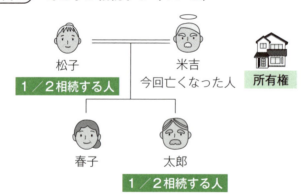

父米吉の所有していた不動産は相続人全員の話合い（遺産分割協議）により母・松子が1／2、長男の太郎が1／2相続することになったケース

(事例3) 母と子が法律で決められた割合で相続する（遺産分割協議はしない）（⇒P 44）

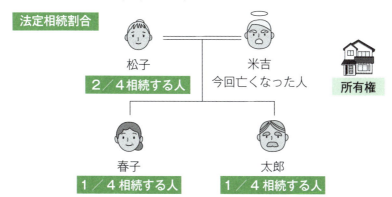

父米吉の所有していた不動産は遺産分割協議はせずに、法定相続割合により相続人全員が相続するケース

「パターン2　イラストからイメージする15事例」では、ご自身の状況に一番似通った事例を選んで、作成する申請書を見つけていきます。家族の数や父母のどちらかが先に亡くなっているか等、完全一致しないかもしれませんが、それでかまいませんので、第2章❸（40ページ以降）に進んでいきましょう。

第2章　スタートとコース選択

B 父が亡くなった場合（父が不動産の一部（持分２分の１）を持っていた場合）

事例４ 母が相続する（⇒Ｐ46）

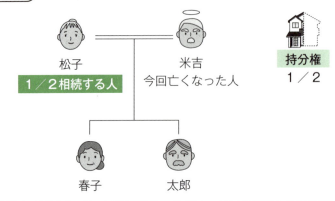

父米吉の所有していた不動産の持分権１／２は相続人全員の話合い（遺産分割協議）により母・松子が相続することになったケース

事例５ 母と子が相続する（⇒Ｐ48）

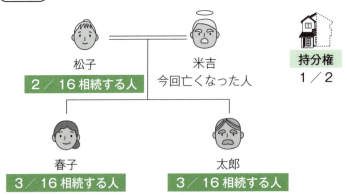

父米吉の所有していた不動産の持分権１／２は相続人全員の話合い（遺産分割協議）により母・松子が２／16、長男・太郎が３／16、長女・春子が３／16相続することになったケース

C 妻子のいない兄が亡くなった場合（兄だけが不動産の所有者の場合）

事例6 弟が相続する（⇒ P 50）

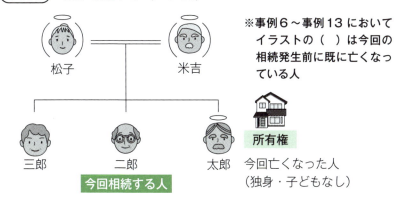

※事例6〜事例13においてイラストの（ ）は今回の相続発生前に既に亡くなっている人

独身で子どもがいなかった太郎が亡くなった場合で、相続人全員の話合い（遺産分割協議）により兄弟の一人である二郎が相続するケース（両親が亡くなっている状況）

事例7 代襲相続：弟が兄より先に亡くなっている場合、甥（弟の子）が相続する（⇒ P 52）

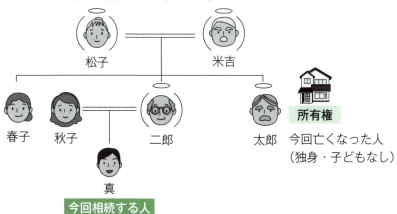

独身で子どもがいなかった太郎が亡くなった場合で、相続人全員の話合い（遺産分割協議）により太郎の甥にあたる真が相続するケース（弟の二郎が先に亡くなっている状況）

D 代襲相続：祖父が亡くなったが、祖父より先に父が亡くなっている場合（祖父だけが不動産の所有者の場合）

事例8 孫が相続する（父には兄弟姉妹がいない）（⇒P54）

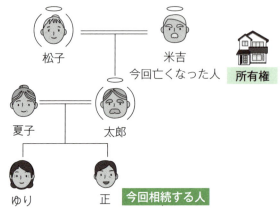

一人っ子であった太郎が米吉より先に亡くなっていた状況で米吉の不動産を相続人全員の話合い（遺産分割協議）により孫の正が直接相続するケース

事例9 孫が相続する（父には兄弟姉妹がいる）（⇒P56）

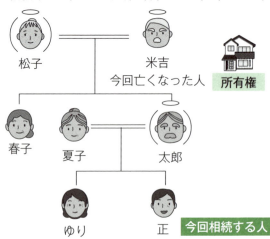

兄弟のいる太郎が米吉より先に亡くなっている状況で米吉の不動産を相続人全員の話合い（遺産分割協議）により孫の正が直接相続するケース

E 数次相続：祖父が亡くなった後に、父が亡くなった場合（祖父だけが不動産の所有者の場合）

事例10 孫が相続する（父には兄弟姉妹がいない）（⇒P 58）

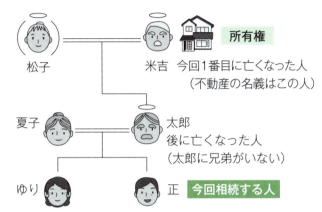

米吉が先に亡くなっているが、米吉の相続登記をする前に一人っ子の太郎が亡くなった状況で、相続人全員の話合い（遺産分割協議）により孫の正が不動産を直接相続するケース

事例11 その後に母も死亡し、孫が相続する（父には兄弟姉妹がいない）（⇒P 60）

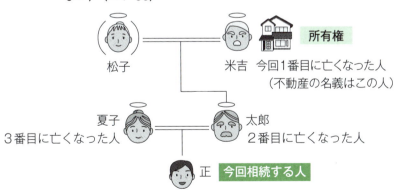

米吉が先に亡くなっているが、米吉の相続登記をする前に一人っ子の太郎が亡くなり、さらにその後太郎の妻の夏子も亡くなってしまった状況で、孫の正が不動産を相続するケース

第2章 スタートとコース選択

(事例12) 孫が相続する（父には兄弟姉妹がいる）（⇒P64）

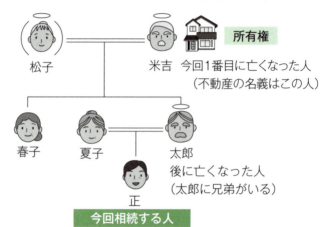

米吉が先に亡くなっているが、米吉の相続登記をする前に兄弟のいる太郎が亡くなった状況で、孫の正が不動産を直接相続するケース

(事例13) 孫が相続する（父には兄弟姉妹がおり、兄弟姉妹も亡くなった）（⇒P66）

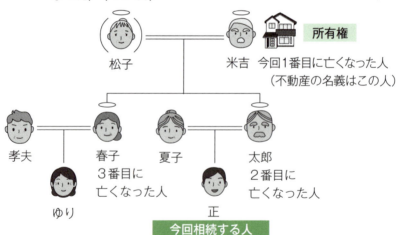

米吉が先に亡くなっているが、米吉の相続登記をする前に兄弟のいる太郎が亡くなり、さらにその兄弟である春子も亡くなってしまった状況で、孫の正が不動産を直接相続するケース

F　その他の相続登記

事例14　遺言による相続……父が「妻に不動産を相続させる」という遺言をしていた場合（⇒P 68）

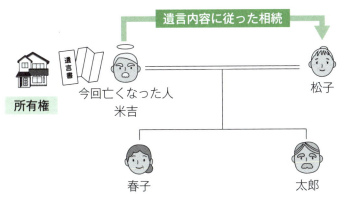

当該不動産は遺言によって相続することになっていた妻の松子の名義にするケース

事例15　裁判所で相続放棄手続をした人がいる場合……子の一部が相続放棄をした場合（⇒P 70）

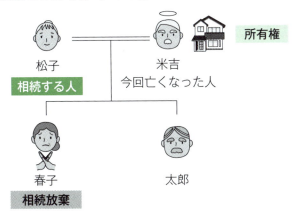

子どもの一人の春子が相続放棄をしたため、残りの相続人の松子と太郎の二人が遺産分割協議をして松子が相続することになったケース

3 相続登記申請書の作り方：申請書面（ひな型と解説）

事例とひな型を見て作成できる人は、さっそく取り組んでみましょう。

A 父が亡くなった場合（父だけが不動産の所有者の場合）

事例1 母が相続する（母のみが相続する） ☞難易度 ★

亡くなった人 ：㊋米吉（令和6年1月1日没）

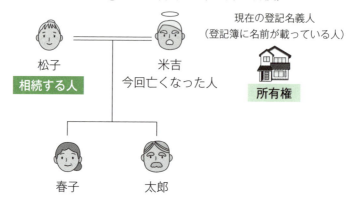

名義をつける人 ：㊊松子
遺産分割協議をする人：㊊松子、（長男）太郎、（長女）春子

遺産分割協議書の書き方→109ページ参照

POINT 申請書の作成たたき台となるWordや一太郎の文書データ雛形が法務省から提供されています。こちらをダウンロードして、本書を活用しながらご自身の申請書データに内容を作り直していくと、作業が楽になるかもしれません。
「不動産の申請様式について　所有権移転登記申請書（相続・遺産分割）」
https://houmukyoku.moj.go.jp/homu/minji79.html#21

【申請書】 Ａ４用紙、片面のみ（裏面には記載しない）
２枚以上になるときは申請書に押した印鑑で各ページに契印をする

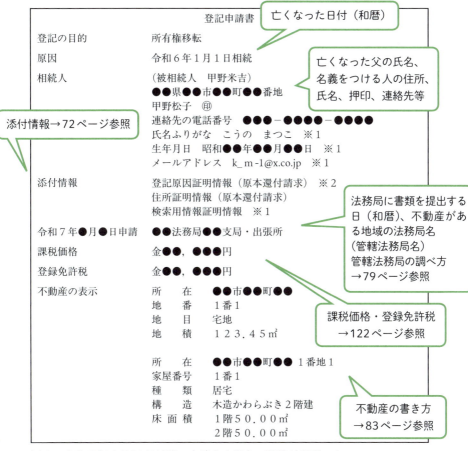

※１　令和７年４月21日以降に申請する場合、記載が必要です。
　　　手書きで申請書を作成するときは、メールアドレスのフリガナも記載が必要です。
　　　例：「メールアドレスフリガナ　ケー・アンダーバー・エム・ハイフン・イチ＠エックス・ドット・シー・オー・ドット・ジェー・ピー」
※２　戸籍一式、遺産分割協議書、相続人全員の印鑑証明書、亡くなった人の住民票除票等

事例2　母と子が相続する
　　　　（遺産分割協議で割合を決める）　　　☞難易度 ★

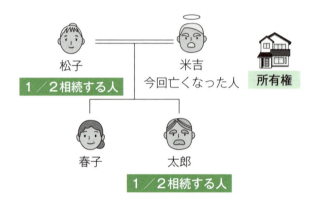

亡くなった人　　　　　：㊟米吉（令和6年1月1日没）
名義をつける人　　　　：㊍松子、㊛太郎（持分割合2分の1ずつ）
遺産分割協議をする人：㊍松子、㊛太郎、㊛春子

遺産分割協議書の書き方
→109ページ参照

〈次ページ申請書「相続人」の点線囲み部分〉

※2人以上の名義をつける場合、そのうちの誰か1人からの申請でもできますが、申請した人以外の名義人には「登記識別情報」（いわゆる権利証）が発行されません。
そうすると、売却等をする時に権利証がなく、別途手続をする必要があるため余計な費用がかかる可能性があります。そのため、名義をつける全員が申請人となったほうがよいでしょう。

【申請書】Ａ４用紙、片面のみ（裏面には記載しない）
２枚以上になるときは申請書に押した印鑑で各ページに契印をする

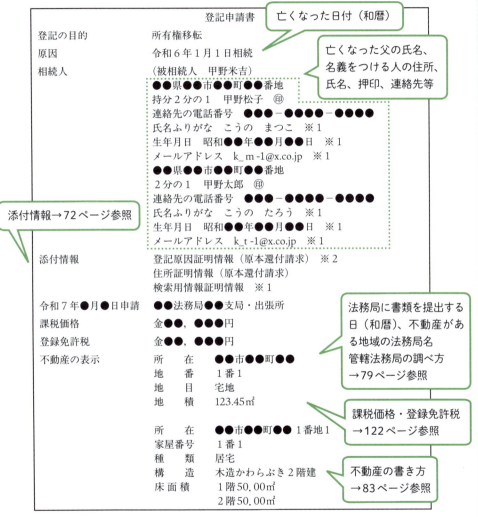

登記申請書

登記の目的	所有権移転
原因	令和6年1月1日相続
相続人	（被相続人　甲野米吉）
	●●県●●市●●町●●番地
	持分2分の1　甲野松子　㊞
	連絡先の電話番号　●●●－●●●●－●●●●
	氏名ふりがな　こうの　まつこ　※1
	生年月日　昭和●●年●●月●●日　※1
	メールアドレス　k_m-1@x.co.jp　※1
	●●県●●市●●町●●番地
	2分の1　甲野太郎　㊞
	連絡先の電話番号　●●●－●●●●－●●●●
	氏名ふりがな　こうの　たろう　※1
	生年月日　昭和●●年●●月●●日　※1
	メールアドレス　k_t-1@x.co.jp　※1
添付情報	登記原因証明情報（原本還付請求）　※2
	住所証明情報（原本還付請求）
	検索用情報証明情報　※1
令和7年●月●日申請	●●法務局●●支局・出張所
課税価格	金●●，●●●円
登録免許税	金●●，●●●円
不動産の表示	所　　在　●●市●●町●●
	地　　番　1番1
	地　　目　宅地
	地　　積　123.45㎡
	所　　在　●●市●●町●●　1番地1
	家屋番号　1番1
	種　　類　居宅
	構　　造　木造かわらぶき2階建
	床面積　1階50.00㎡
	2階50.00㎡

（吹き出し）亡くなった日付（和暦）
（吹き出し）亡くなった父の氏名、名義をつける人の住所、氏名、押印、連絡先等
（吹き出し）添付情報→72ページ参照
（吹き出し）法務局に書類を提出する日（和暦）、不動産がある地域の法務局名　管轄法務局の調べ方→79ページ参照
（吹き出し）課税価格・登録免許税→122ページ参照
（吹き出し）不動産の書き方→83ページ参照

※1　41ページ参照
※2　戸籍一式、遺産分割協議書、相続人全員の印鑑証明書、亡くなった人の住民票除票等

第2章　スタートとコース選択　43

事例3　母と子が法律で決められた割合※2で相続する（遺産分割協議はしない）

☞難易度 ★

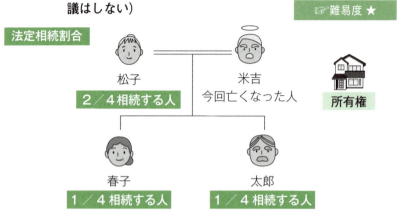

亡くなった人　　：⊗米吉（令和6年1月1日没）
名義をつける人：㊷松子（4分の2）、㊛太郎（4分の1）、
　　　　　　　　㊛春子（4分の1）

〈次ページ申請書「相続人」の点線囲み部分〉

※2人以上の名義をつける場合、そのうちの誰か1人からの申請でもできますが、申請した人以外の名義人には「登記識別情報」（いわゆる権利証）が発行されません。
そうすると、売却等をする時に権利証がなく、別途手続をする必要があるため余計な費用がかかる可能性があります。そのため、名義をつける全員が申請人となったほうがよいでしょう。

※2　民法900条で決められた法定相続分のこと。
　例）夫が死亡し、妻と子が相続人……妻2分の1、子2分の1
　　　　　　　　　　　　　　　　（子が2人の場合、子は4分の1ずつ）
　　　夫が死亡し、妻と夫の父が相続人……妻3分の2、父3分の1
　　　夫が死亡し、妻と夫の兄弟姉妹が相続人……妻4分の3、兄弟姉妹4分の1
　　　　　　　　　　　　　　　　（兄弟姉妹が2人の場合、兄弟姉妹は8分の1ずつ）

【申請書】 Ａ４用紙、片面のみ（裏面には記載しない）

２枚以上になるときは申請書に押した印鑑で各ページに契印をする

登記申請書　　　亡くなった日付（和暦）

登記の目的　　　　所有権移転

原因　　　　　　　令和６年１月１日相続　　　　　亡くなった父の氏名、名義をつける人の住所、氏名、押印、連絡先等

相続人　　　　　　（被相続人　甲野米吉）

　　　　　　　　　●●県●●市●●町●●番地

　　　　　　　　　持分４分の２　甲野松子　㊞

　　　　　　　　　氏名ふりがな　こうの　まつこ　※１

　　　　　　　　　生年月日　昭和●●年●●月●●日　※１

　　　　　　　　　メールアドレス　k_m-1@x.co.jp　※１

　　　　　　　　　●●県●●市●●町●●番地

　　　　　　　　　４分の１　甲野太郎　㊞

　　　　　　　　　連絡先の電話番号　●●●－●●●●－●●●●

　　　　　　　　　氏名ふりがな　こうの　たろう　※１

　　　　　　　　　生年月日　昭和●●年●●月●●日　※１

　　　　　　　　　メールアドレス　k_t-1@x.co.jp　※１

　　　　　　　　　●●県●●市●●町●●番地

　　　　　　　　　４分の１　乙川春子　㊞

添付情報→72ページ参照

　　　　　　　　　連絡先の電話番号　●●●－●●●●－●●●●

　　　　　　　　　氏名ふりがな　おつかわ　はるこ　※１

　　　　　　　　　生年月日　昭和●●年●●月●●日　※１

　　　　　　　　　メールアドレス　o_h-1@x.co.jp　※１

添付情報　　　　　登記原因証明情報（原本還付請求）※２

　　　　　　　　　住所証明情報（原本還付請求）

　　　　　　　　　検索用情報証明情報　※１

令和７年●月●日申請　●●法務局●●支局・出張所

課税価格　　　　　金●●，●●●円

登録免許税　　　　金●●，●●●円

法務局に書類を提出する日（和暦）、不動産がある地域の法務局名
管轄法務局の調べ方→79ページ参照

課税価格・登録免許税→122ページ参照

不動産の表示　　　所　　在　　●●市●●町●●

　　　　　　　　　地　　番　　１番１

　　　　　　　　　地　　目　　宅地

　　　　　　　　　地　　積　　123.45㎡

　　　　　　　　　所　　在　　●●市●●町●●　１番地１

　　　　　　　　　家屋番号　　１番１

　　　　　　　　　種　　類　　居宅

　　　　　　　　　構　　造　　木造かわらぶき２階建

　　　　　　　　　床　面　積　　１階50.00㎡

　　　　　　　　　　　　　　　　２階50.00㎡

不動産の書き方→83ページ参照

※１　41ページ参照

※２　戸籍一式、亡くなった人の住民票除票等

第２章　スタートとコース選択　　**45**

B 父が亡くなった場合（父が不動産の一部（持分2分の1）を持っていた場合）

事例4 母が相続する　　　　　　　　　　☞難易度 ★

（持ち分を母のみが相続する）

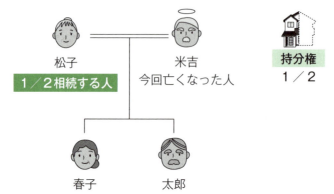

※亡くなった父の持分の一部だけの相続登記はできません。

例）父の持分2分の1のうち、半分の4分の1だけの相続登記はできません。必ず2分の1全部の名義を変更する必要があります。

亡くなった人　　　　：㊡米吉（令和6年1月1日没）
名義をつける人　　　：㊍松子
遺産分割協議をする人：㊍松子、㊚太郎、㊛春子

遺産分割協議書の書き方
→109ページ参照

【申請書】 Ａ４用紙、片面のみ（裏面には記載しない）
２枚以上になるときは申請書に押した印鑑で各ページに契印をする

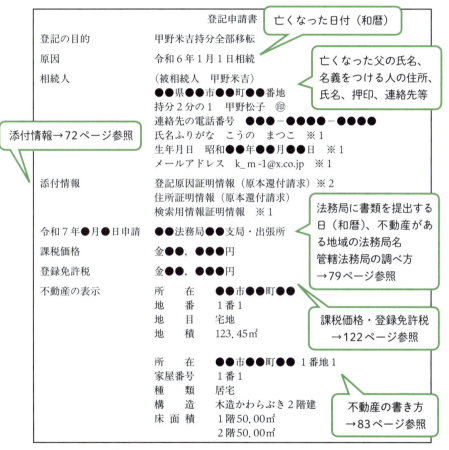

※１　41ページ参照
※２　戸籍一式、遺産分割協議書、相続人全員の印鑑証明書、亡くなった人の住民票除票等

事例5 母と子が相続する（遺産分割協議で割合を決める）

☞難易度 ★

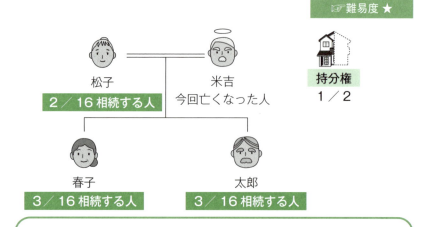

※亡くなった父の持分の一部だけの相続登記はできません。
例）父の持分2分の1のうち、半分の4分の1だけの相続登記はできません。必ず2分の1全部の名義を変更する必要があります。

亡くなった人　　　　：㊥米吉（令和6年1月1日没）
名義をつける人　　　：㊺松子（16分の2）、㊚太郎（16分の3）、
　　　　　　　　　　　㊛春子（16分の3）
遺産分割協議をする人：㊺松子、㊚太郎、㊛春子

遺産分割協議書の書き方→109ページ参照

〈次ページ申請書「相続人」の点線囲み部分〉

※2人以上の名義をつける場合、そのうちの誰か1人からの申請でもできますが、申請した人以外の名義人には「登記識別情報」（いわゆる権利証）が発行されません。
そうすると、売却等をする時に権利証がなく、別途手続をする必要があるため余計な費用がかかる可能性があります。そのため、名義をつける全員が申請人となったほうがよいでしょう。

【申請書】 A４用紙、片面のみ（裏面には記載しない）

２枚以上になるときは申請書に押した印鑑で各ページに契印をする

　　　　　　　　　　　　　　　登記申請書　　〔亡くなった日付（和暦）〕

登記の目的　　　　甲野米吉持分全部移転

原因　　　　　　　令和６年１月１日相続　　〔亡くなった父の氏名、名義をつける人の住所、氏名、押印、連絡先等〕

相続人　　　　　　（被相続人　甲野米吉）

　　　　　　　　　●●県●●市●●町●●番地
　　　　　　　　　持分16分の２　甲野松子　㊞
　　　　　　　　　連絡先の電話番号　　●●－●●●●－●●●●
　　　　　　　　　氏名ふりがな　こうの　まつこ　※１
　　　　　　　　　生年月日　昭和●●年●●月●●日　※１
　　　　　　　　　メールアドレス　k_m-1@x.co.jp　※１
　　　　　　　　　●●県●●市●●町●●番地
　　　　　　　　　16分の３　甲野太郎　㊞
　　　　　　　　　連絡先の電話番号　　●●－●●●●－●●●●
　　　　　　　　　氏名ふりがな　こうの　たろう　※１
　　　　　　　　　生年月日　昭和●●年●●月●●日　※１
　　　　　　　　　メールアドレス　k_t-1@x.co.jp　※１
　　　　　　　　　●●県●●市●●町●●番地
　　　　　　　　　16分の３　乙川春子　㊞
　　　　　　　　　連絡先の電話番号　　●●－●●●●－●●●●
　　　　　　　　　氏名ふりがな　おつかわ　はるこ　※１　〔添付情報→72ページ参照〕
　　　　　　　　　生年月日　昭和●●年●●月●●日　※１
　　　　　　　　　メールアドレス　k_h-1@x.co.jp　※１

添付情報　　　　　登記原因証明情報（原本還付請求）※２
　　　　　　　　　住所証明情報（原本還付請求）
　　　　　　　　　検索用情報証明情報　※１　　〔法務局に書類を提出する日（和暦）、不動産がある地域の法務局名　管轄法務局の調べ方→79ページ参照〕

令和７年●月●日申請　　●●法務局●●支局・出張所

課税価格　　　　　金●●，●●●円

登録免許税　　　　金●●，●●●円　〔課税価格・登録免許税→122ページ参照〕

不動産の表示　　　（土地の表示　略）

　　　　　　　　　所　在　　●●市●●町●●１番地１
　　　　　　　　　家屋番号　１番１
　　　　　　　　　種　類　　居宅　〔不動産の書き方→83ページ参照〕
　　　　　　　　　構　造　　木造かわらぶき２階建
　　　　　　　　　床面積　　１階50.00㎡
　　　　　　　　　　　　　　２階50.00㎡

※１　41ページ参照

※２　戸籍一式、遺産分割協議書、相続人全員の印鑑証明書、亡くなった人の住民票除票等

C　妻子のいない兄が亡くなった場合（兄だけが不動産の所有者の場合）

事例6　弟が相続する　　　　　　　　☞難易度 ★

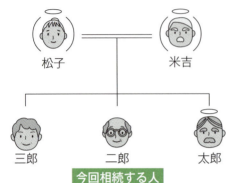

※事例6～事例13において
イラストの（　）は今回の
相続発生前に既に亡くなっ
ている人

亡くなった人　　　　　：(長男)太郎（令和6年1月1日没）
名義をつける人　　　　：(二男)二郎
遺産分割協議をする人　：(二男)二郎、(三男)三郎

> 遺産分割協議書の書き方
> →109ページ参照

※ (父)米吉・(母)松子 は (長男)太郎 より先に亡くなっています

【申請書】 Ａ４用紙、片面のみ（裏面には記載しない）
２枚以上になるときは申請書に押した印鑑で各ページに契印をする

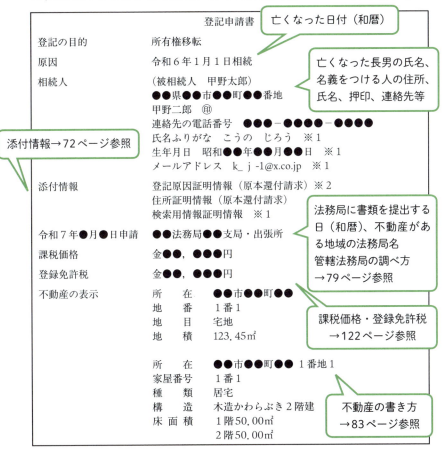

※１　41ページ参照
※２　戸籍一式、遺産分割協議書、相続人全員の印鑑証明書、亡くなった人の住民票除票等

事例7 代襲相続[※3]：弟が兄より先に亡くなっている場合、甥（弟の子）が相続する

☞難易度 ★★

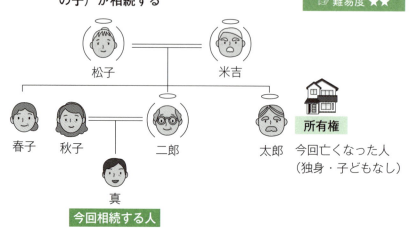

亡くなった人　　　　：(長男) 太郎（令和6年1月1日没）
名義をつける人　　　：(甥) (弟の子) 真
遺産分割協議をする人：(甥) (弟の子) 真、(長女) (妹) 春子

> 遺産分割協議書の書き方
> →109ページ参照

※(二男妻) 秋子は、協議に参加できません
※(父) 米吉・(母) 松子・(二男) (弟) 二郎 は(長男) (兄) 太郎より先に亡くなっています

※3　相続人が被相続人（亡くなった方）より前に亡くなっているときや相続人になれないとき等は、その相続人の直系の子が代わりに相続人となります。この場合を「代襲相続」といいます。

【申請書】Ａ４用紙、片面のみ（裏面には記載しない）
２枚以上になるときは申請書に押した印鑑で各ページに契印をする

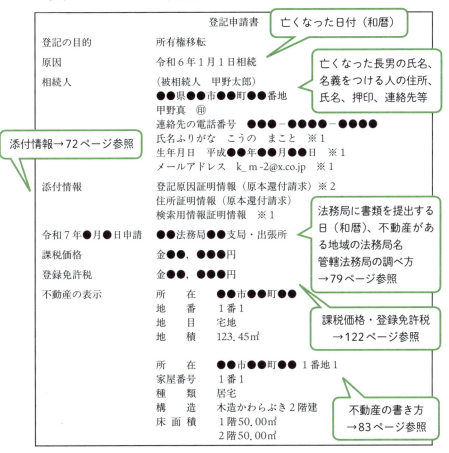

※１　41ページ参照
※２　戸籍一式、遺産分割協議書、相続人全員の印鑑証明書、亡くなった人の住民票除票等

D　代襲相続※3：祖父が亡くなったが、祖父より先に父が亡くなっている場合（祖父だけが不動産の所有者の場合）

事例8　孫が相続する

（父には兄弟姉妹がいない）

☞難易度 ★★

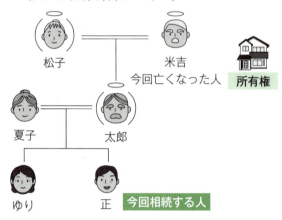

亡くなった人　　　　　：㊗祖父 米吉（令和6年1月1日没）
名義をつける人　　　　：㊙孫 正
遺産分割協議をする人：㊙孫 正、㊙孫 ゆり

> 遺産分割協議書の書き方
> →109ページ参照

※㊗祖母 松子・㊙父 太郎 は㊗祖父 米吉 より先に亡くなっています

※3　52ページ参照

【申請書】Ａ４用紙、片面のみ（裏面には記載しない）
２枚以上になるときは申請書に押した印鑑で各ページに契印をする

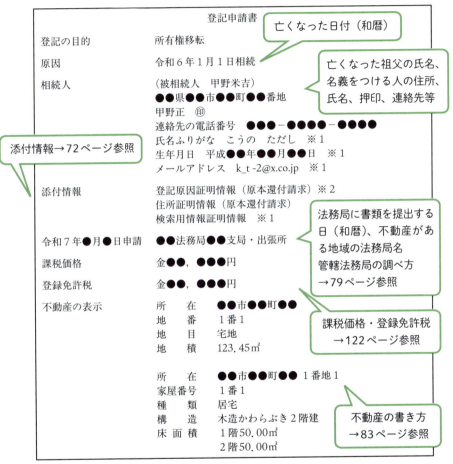

※１　41ページ参照
※２　戸籍一式、遺産分割協議書、相続人全員の印鑑証明書、亡くなった人の住民票除票等

事例9 孫が相続する
（父には兄弟姉妹がいる）

☞難易度 ★★

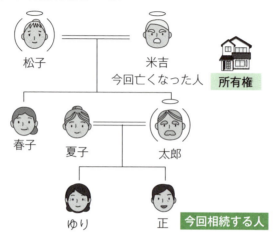

亡くなった人　　　　：祖父 米吉（令和6年1月1日没）
名義をつける人　　　：孫 正
遺産分割協議をする人：孫 正、孫 ゆり、長女 春子

> 遺産分割協議書の書き方
> →109ページ参照

※長男妻（母）夏子は、協議に参加できません
※祖母 松子・長男（父）太郎 は 祖父 米吉 より先に亡くなっています

POINT　春子と正の二人が相続して共有になる場合は、事例11に類似し、「1件目（亡太郎と春子が共有になる）所有権移転」「2件目　甲野太郎持分全部移転」のように2件の登記申請をする必要があります。

56

【申請書】 A4用紙、片面のみ（裏面には記載しない）
2枚以上になるときは申請書に押した印鑑で各ページに契印をする

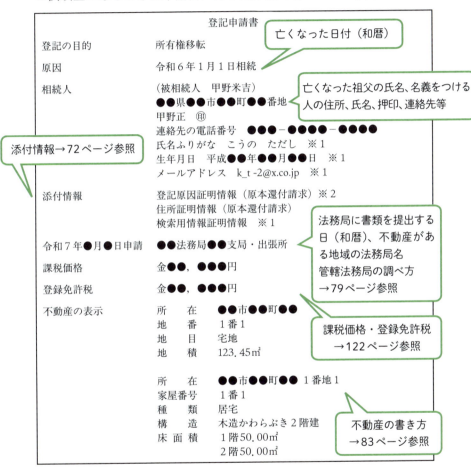

※1　41ページ参照
※2　戸籍一式、遺産分割協議書、相続人全員の印鑑証明書、亡くなった人の住民票除票等

E 数次相続※4：祖父が亡くなった後に、父が亡くなった場合（祖父だけが不動産の所有者の場合）

事例10 孫が相続する ☞難易度 ★★
（父には兄弟姉妹がいない）

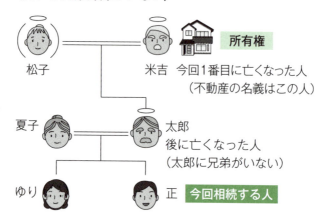

亡くなった人：祖父 米吉（令和6年1月1日没）
　　　　　　　父 太郎（令和6年5月1日没）
名義をつける人　　：孫 正
遺産分割協議をする人：母 夏子、孫 正、孫 ゆり

> 遺産分割協議書の書き方
> →109ページ参照

※ 祖母 松子は 祖父 米吉 より先に亡くなっています

※4 亡くなった方の財産につき遺産分割協議をしないうちに、相続人が亡くなり、次の相続が始まった場合を「数次相続」といいます。

【申請書】 Ａ４用紙、片面のみ（裏面には記載しない）
２枚以上になるときは申請書に押した印鑑で各ページに契印をする

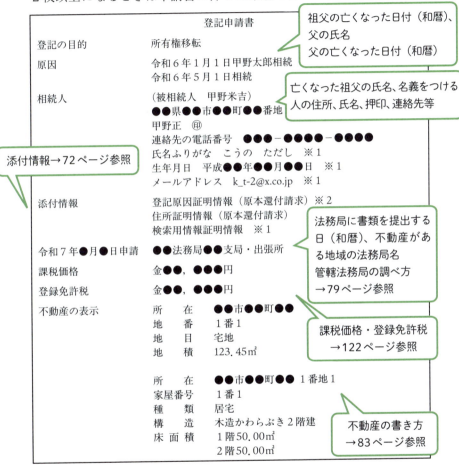

※１　41ページ参照
※２　戸籍一式、遺産分割協議書、相続人全員の印鑑証明書、１番目に亡くなった人の住民票除票等

事例11　その後に母も死亡し、孫が相続する
（父には兄弟姉妹がいない）　☞難易度 ★★

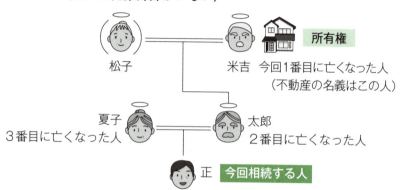

亡くなった人　：㊗米吉（令和6年1月1日没）
　　　　　　　　㊗太郎（令和6年5月1日没）
　　　　　　　　㊗夏子（令和6年7月1日没）
名義をつける人：㊙正
※㊗松子は㊗米吉より先に亡くなっている

POINT　孫の正は直系ではあるものの、他に存命の相続人がいないため、事例10とは異なり遺産分割協議をすることができません。このケースでは基本どおり一度母夏子名義の持分をつけた上で、その夏子の持分をさらに相続していく必要があります。

60

【申請書】★申請は2件になるので申請書を2つ作成する必要があります。

各申請書ごとにA4用紙、片面のみ（裏面には記載しない。）

2枚以上になるときは申請書に押した印鑑で各ページに契印をする

(1)　**1件目……祖父名義を亡母と孫の名義（法律で決められた割合**

　　（44ページ※2参照）での相続）にする

> 祖父の亡くなった日付（和暦）、
> 父の氏名
> 父の亡くなった日付（和暦）

登記申請書

登記の目的	所有権移転
原因	令和6年1月1日甲野太郎相続
	令和6年5月1日相続
相続人	（被相続人　甲野米吉）
	●●県●●市●●町●●番地
	持分2分の1　亡甲野夏子
	●●県●●市●●町●●番地
	（申請人・上記相続人）2分の1　甲野正　㊞
	連絡先の電話番号　●●－●●●●－●●●●
	氏名ふりがな　こうの　ただし　※1
	生年月日　平成●●年●●月●●日　※1
	メールアドレス　k_t-2@x.co.jp　※1
添付情報	登記原因証明情報（原本還付請求）※2
	住所証明情報（原本還付請求）
	検索用情報証明情報　※1
令和7年●月●日申請	●●法務局●●支局・出張所
課税価格	金●●，●●●円
登録免許税	金●●，●●●円
	所　　在　　●●市●●町●●
	地　　番　　1番1
	地　　目　　宅地
	地　　積　　123.45㎡
不動産の表示	所　　在　　●●市●●町●●　1番地1
	家屋番号　　1番1
	種　　類　　居宅
	構　　造　　木造かわらぶき2階建
	床　面　積　　1階50.00㎡
	2階50.00㎡

> 亡くなった祖父の氏名、母の
> 最後の住所、持分、母の氏名
> （「亡」をつける）、申請人の住所、
> 持分、氏名、押印、連絡先等

> 添付情報→72ページ参照

> 法務局に書類を提出する
> 日（和暦）、不動産がある
> 地域の法務局名
> 管轄法務局の調べ方
> →79ページ参照

> 課税価格・登録免許税
> →122ページ参照

> 不動産の書き方
> →83ページ参照

※1　41ページ参照

※2　戸籍一式、1番目に亡くなった人の住民票除票等

第2章　スタートとコース選択　**61**

(2) **2件目……亡母名義を子（孫）名義にする**

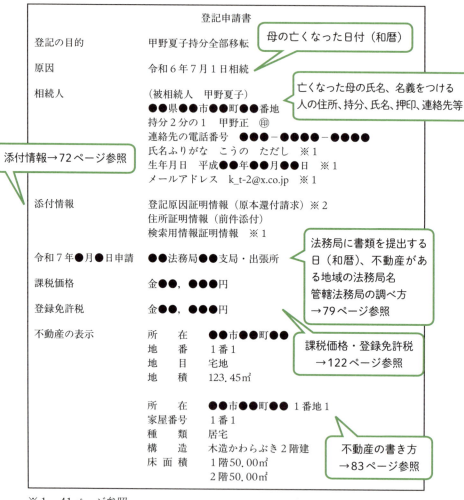

※1　41ページ参照
※2　戸籍一式、亡くなった人の住民票除票等

コラム 相続人がいない、または共有者の一部と連絡が取れない状況で、長年処分に困っている不動産の対応

☞難易度 ★★★★

　相続が発生したけれども、その人の相続人が誰だかわからない場合は、「相続財産清算人」を家庭裁判所で選任し、相続人に代わって遺産分割協議に参加してもらい（裁判所の許可が必要）、また、相続財産の管理・処分を行ってもらう方法があります。例えば、戸籍上相続人がいないケースや、戸籍上の相続人がいるものの全員相続放棄をしたケースがそれに該当します。

　また、今回の相続自体とは関係がないけれども、共有している不動産の共有者の一部と音信不通の場合もあります。この場合は、「不在者財産管理人」を家庭裁判所に選任してもらい、その不動産の管理保存をお願いすることになります。ただし、不在者財産管理人は行方不明の人の財産処分権があるものの、当該不動産のみの権限ではないので、その方が現れるまで業務が続いていくことが前提の制度であり、具体的な解決に時間がかかる場合もあります。

　そこで、令和3年に民法が改正され、当該不動産のみの問題を解決するため、「所在等不明共有者の持分の取得（民法262条の2）」および「所在等不明共有者の持分の譲渡（民法262条の3）」の対応ができるようになりました。共有持分の相当時価額を供託する必要があること、所在等不明共有者の持分が共同相続人間で遺産分割をすべき相続財産である場合には、相続開始から10年以上経過していること等要件がありますが、利用価値がある制度ですので専門家の力を借りて活用を検討しましょう。

第2章　スタートとコース選択　63

事例12 孫が相続する
（父には兄弟姉妹がいる）

☞難易度 ★★

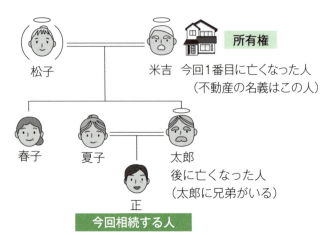

亡くなった人　　　　：㊗米吉（令和6年1月1日没）
　　　　　　　　　　　㊗（父）太郎（令和6年5月1日没）
名義をつける人　　　：㊗正
遺産分割協議をする人：①祖父の相続について
　　　　　　　　　　　㊗夏子、㊗正、㊗（妹）春子
　　　　　　　　　　　②父の相続について
　　　　　　　　　　　㊗夏子、㊗正

> 遺産分割協議書の書き方
> →109ページ参照

※㊗松子は㊗米吉より先に亡くなっています

> **POINT**　遺産分割協議書の作成は祖父分と父分の2通を作成することも1通にまとめることもできますが、1件の登記申請で対応できるケースです。

【申請書】 A4用紙、片面のみ（裏面には記載しない）
2枚以上になるときは申請書に押した印鑑で各ページに契印をする

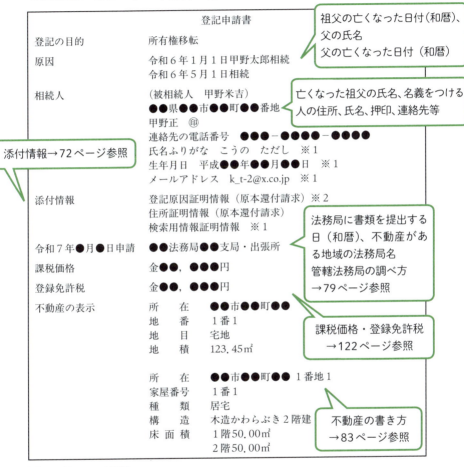

※1　41ページ参照
※2　戸籍一式、遺産分割協議書、相続人全員の印鑑証明書、1番目に亡くなった人の住民票除票等

事例13　孫が相続する（父には兄弟姉妹がおり、兄弟姉妹も亡くなった）　☞難易度 ★★★

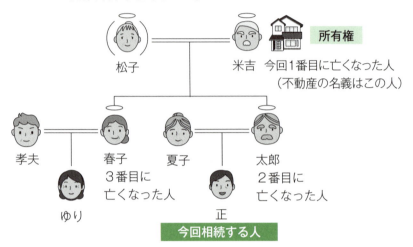

亡くなった人　　　　　：㊗祖父 米吉（令和6年1月1日没）
　　　　　　　　　　　　㊗父　 太郎（令和6年5月1日没）
　　　　　　　　　　　　㊗長女（妹）春子（令和6年7月1日没）
名義をつける人　　　　：㊗孫 正
遺産分割協議をする人　：①祖父の相続について
　　　　　　　　　　　　㊗母 夏子、㊗孫 正、㊗長女夫 孝夫、㊗孫 ゆり
　　　　　　　　　　　②父の相続について
　　　　　　　　　　　　㊗母 夏子、㊗孫 正

遺産分割協議書の書き方
→109ページ参照

※㊗祖母 松子は㊗祖父 米吉 より先に亡くなっています

POINT　遺産分割協議書の作成は祖父分と父分の2通を作成することも1通にまとめることもできますが、1件の登記申請で対応できるケースです。

【申請書】 Ａ４用紙、片面のみ（裏面には記載しない）
２枚以上になるときは申請書に押した印鑑で各ページに契印をする

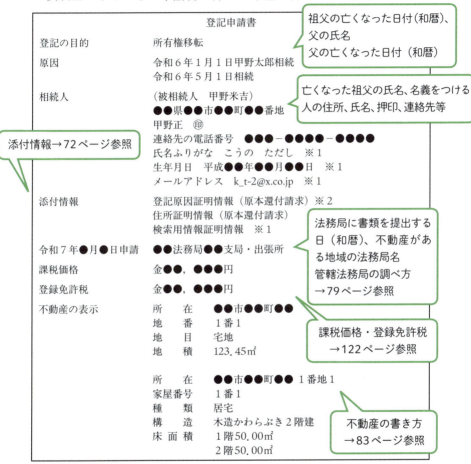

※1　41ページ参照
※2　戸籍一式、遺産分割協議書、相続人全員の印鑑証明書、１番目に亡くなった人の住民票除票等

F　その他の相続登記

事例14　遺言による相続……父が「妻に不動産を相続させる」という遺言をしていた場合　☞難易度 ★

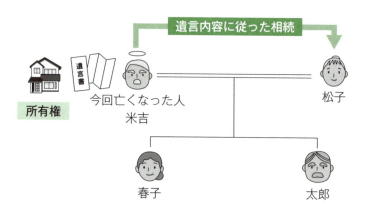

亡くなった人　　：㊨米吉（令和6年1月1日没）
名義をつける人：㊧松子

※松子は太郎や春子の関与なく、相続登記の申請を行うことができます

POINT　登記原因証明情報には遺言書（自筆証書の場合は裁判所の検認を受けたもの、公正証書の場合は正本でも謄本でも可）と亡くなった方の最後の戸籍と相続人の現戸籍を添付します。遺言書はコピーを付けて原本還付しましょう。

【申請書】A4用紙、片面のみ（裏面には記載しない）
2枚以上になるときは申請書に押した印鑑で各ページに契印をする

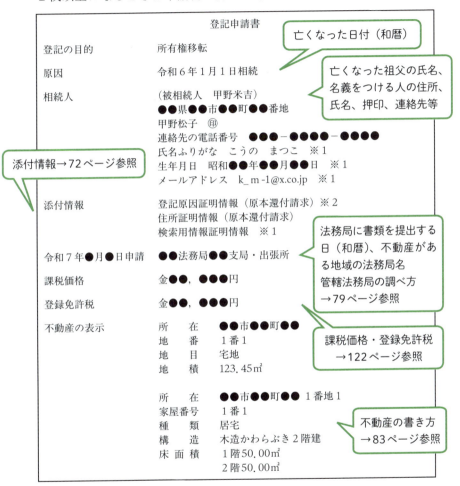

※1　41ページ参照
※2　戸籍一式、遺言書、亡くなった人の住民票除票等

事例15　裁判所で相続放棄手続をした人がいる場合
　　　　……子（長女）が相続放棄をした場合　☞難易度 ★

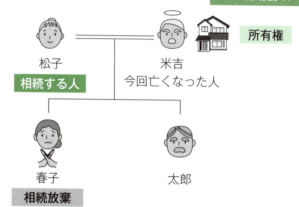

亡くなった人　：㊗米吉（令和6年1月1日没）
名義をつける人：㊊松子
遺産分割協議をする人：㊊松子、㊐太郎

> 遺産分割協議書の書き方
> →109ページ参照

※㊐春子が家庭裁判所にて相続放棄手続をしたケースです

POINT　登記原因証明情報としては相続放棄した人から「相続放棄申述受理証明書」を受け取って添付書面とします。それ以外に戸籍や遺産分割協議書も添付が必要になります。

本事例では相続放棄をしていない人が複数名いますが、一人を除いて全員が相続放棄をしている場合は当然、遺産分割協議をする必要はない（できない）ので、遺産分割協議書は添付書面になりません。

【申請書】 Ａ４用紙、片面のみ（裏面には記載しない）
２枚以上になるときは申請書に押した印鑑で各ページに契印をする

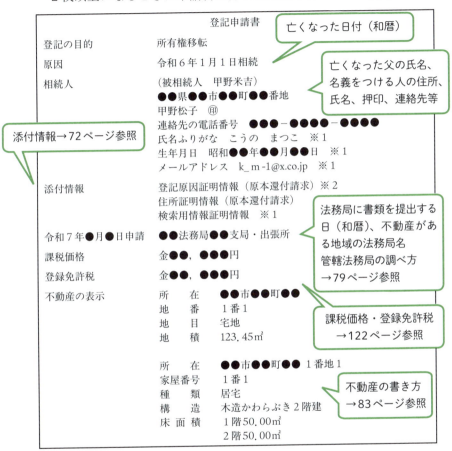

※１　41ページ参照
※２　戸籍一式、相続放棄申述受理証明書、遺産分割協議書、相続放棄手続をした相続人以外の相続人全員の印鑑証明書、亡くなった人の住民票除票等

申請書に添付する書類（添付情報）

(1) 法務局への提出書類

相続登記をする際に、申請書と一緒に法務局へ提出する書類は以下のとおりです。

❶ 登記原因証明情報
❷ 住所証明情報
❸ 検索用情報証明情報
❹ 評価証明書

一つずつ順番に詳しくみていきましょう。

❶ 登記原因証明情報

亡くなった人や相続人の特定のため、また、誰がその不動産を取得するか確定させるために必要な書類を指す総称です。

相続登記の内容によって添付する登記原因証明情報は変わってきます。場合によっては、何通もの書類になることがあります（具体的には、74ページ以降で解説しています。）。

法務局に原本とコピーを提出すれば、登記完了後、原本を返却してもらえます（「原本還付」が可能）。「相続関係説明図」を作成し、申請書と一緒に法務局に提出すると、戸籍謄本等についてはコピーを提出せずに済みます。

〈遺産分割協議をした場合の相続関係説明図 例〉

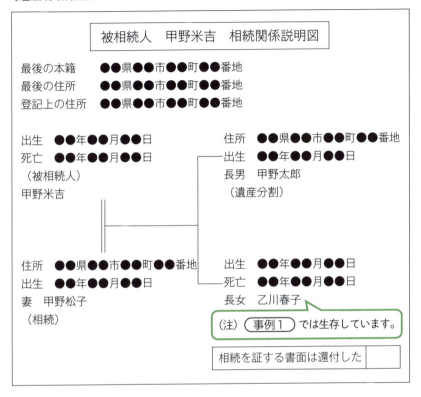

　相続関係説明図の作成では、被相続人、相続人の氏名・出生年月日・死亡年月日・住所等を記載します。

　名義をつける人には、「(相続)」、名義をつけないが、遺産分割協議に参加した人には、「(遺産分割)」と記載します。

必要な書類は、相続登記の内容により異なります。

ア．遺産分割協議をして名義人を決めた場合（事例1、2、4～13、15）
　　法定相続割合で名義をつける場合（事例3）

（ア）　所有者であった亡くなった人（被相続人）のもの

・**生まれてから亡くなるまでの戸籍等すべて**

戸籍の読み方
→88ページ参照

・登記簿に記載されている被相続人の住所が、本籍地（過去の本籍地を含む。）ではない場合：**最後の住所がわかる書類**（住民票除票、戸籍の附票、戸籍の除附票のどれか1つ）「本籍地」が載っているものを取得します。

　　登記簿に記載されている被相続人の住所が、住民票除票・戸籍の附票・戸籍の除附票に載っている住所、本籍地のどれでもない場合、権利証や相続人全員からの申述書、納税証明書等が必要になる場合がありますので、管轄法務局に必要書類を確認しましょう（住所・氏名がつながらない相続登記　148ページ参照）。

（イ）　相続人のもの

・**相続人全員（不動産の名義をつけない人を含む。）の現在の戸籍謄本**

被相続人が亡くなった日より後に発行されたものが必要です。

名義をつけない相続人の分も必要です。

　　また被相続人が亡くなった後に相続人が亡くなった場合、亡くなった相続人全員分の生まれてから亡くなるまでの戸籍謄本等すべても必要です。さらに、被相続人が兄弟姉妹の場合には、被相続人の父母の生まれてから亡くなるまでの戸籍謄本等が（場合によっては祖父母が亡くなっていたことがわかる戸籍謄本等も）、必要になります。

・**遺産分割協議をした場合：遺産分割協議書および相続人全員の**

遺産分割協議書の書き方→109ページ参照

印鑑証明書

印鑑証明書の有効期限はありません。名義をつけない相続人の分も必要です。

・相続放棄をした相続人がいる場合：**相続放棄申述受理証明書**

相続放棄をするには、自己のために相続の開始があったことを知った時（自身が相続人であると知った時）から3か月以内に、被相続人の最後の住所地の家庭裁判所にて手続をしないといけません。手続をした後、家庭裁判所で証明書を取得してください。

遺産分割協議で相続財産を何ももらわなかった人が「自分は相続放棄した」というケースをよく見かけますが、厳密にはこれは「相続放棄」ではありませんので誤解しないようにしましょう。

イ．遺言書がある場合（事例14）

（ア）所有者であった亡くなった人（被相続人）のもの

・被相続人の死亡した日がわかる**戸籍謄本または除籍謄本**

※予備的遺言（「妻に相続させるが、妻が先に亡くなっていた場合は長男に相続させる」等）の場合、先に亡くなった相続人（妻）の分も必要です。

・登記簿に記載されている被相続人の住所が、本籍地（過去の本籍地を含む。）ではない場合：**最後の住所がわかる書類**（住民票除票、戸籍の附票、戸籍の除附票のどれか1つ）

詳しくは74ページ参照。

・**遺言書**（158ページ参照）

公正証書遺言（公証役場で作成した遺言）の場合、正本か謄本どちらかを用意してください。

自筆証書遺言（被相続人が自分で書いて保管していた遺言）の場合、被相続人の最後の住所地の家庭裁判所にて手続（検認※5）を先にしておく必要があります。手続をした後、家庭裁判所で検認済証明書を取得してください。
　自筆証書遺言書保管制度による遺言（法務局で保管していた遺言）の場合、最寄りの法務局に予約をした上で、遺言書情報証明書の交付を請求してください。

（イ）　相続人のもの
　・相続人の現在の戸籍謄本
　　被相続人が亡くなった日より後に発行されたものが必要です。

❷　住所証明情報
　新しく登記簿に載る相続人の住所を証明するための書類です。名義をつける人の住所がわかる書類（**住民票、戸籍の附票**のいずれか1つ）を用意してください。
　この書類は原本還付することが可能です。
※住民票にはマイナンバーが記載されていないものを取得します。
※住民票・戸籍の附票は、「本籍地」が載っているものを取得します。

　ここで記載した「住民票」は正確には、「住民票の写し」のことを言います。住民票自体は市区町村役場に備えられるものなので、私たちに交付されるのは市区町村長が証明した「住民票の写し」になります。コピーではありませんし、わかりにくいので、本書では「住民票」と呼ぶことにしています。

※5　遺言書の存在や内容を相続人に知らせ、遺言書の形状や内容を確認して、偽造等を防止するための家庭裁判所で行われる手続です。

❸ 検索用情報証明情報

令和7年4月21日以降に相続登記をする場合に必要な情報です。

具体的には、氏名、氏名の振り仮名、住所、生年月日、メールアドレスの記載が必要です。なお、❶・❷以外に準備すべき書類はありません。

令和8年4月1日から、不動産の所有者は、氏名・住所の変更日から2年以内に変更登記をすることが義務付けられます。この義務の負担軽減のため、所有者が変更登記の申請をしなくても、法務局の担当者が住基ネット情報を検索し、これに基づいて職権で登記を行う仕組みが開始します。そのために必要な情報となります。

メールアドレスは、法務局の担当者が職権で住所等変更登記を行うことの可否を所有者に確認する際、手続が完了した際に送信する電子メールの宛先となりますので、所有者本人のみが利用しているメールアドレスを記載します。手書で申請書を作成する場合には、文字の誤認・混同を防止するため、メールアドレスの振り仮名も記載する必要があります。もし、メールアドレスがない場合には、その旨を申請書に記載する運用となる予定です（この場合は、法務局の担当者からの連絡は、郵送される予定になっています。）。

> 登録免許税→122ページ参照

❹ 評価証明書

相続登記を申請する際に法務局に支払う税金（登録免許税）は、不動産の「評価額」を基に計算します。

そのため、税金をどう計算したかの証明として、登記を申請する年度の「評価額」が載っている書類を法務局に提出する必要があります。

不動産所在地の市区町村役場（税務課、資産税課などの名称の部署）で最新の「評価証明書」（有料）を取得します。毎年4月1日に新年度の評価証明書に切り替わります。

第2章　スタートとコース選択　**77**

例）令和7年1月4日に登記申請をする場合……令和6年度の評価証明書が必要

令和7年10月1日に登記申請をする場合……令和7年度の評価証明書が必要

評価証明書はコピーを添付すれば原本還付が可能です。

なお、不動産所在地によっては、有料の「評価証明書」を取得しなくとも、毎年送られてくる固定資産税の「納税通知書」のコピーや、登記手続だけに使用する無料の「評価通知書」（不動産所在地の市区町村役場（税務課、資産税課などの名称の部署）で取得できますが、発行していない市区町村役場もあります。）でも足りる場合があります。申請する法務局に確認しましょう。

※申請書の添付情報欄に「評価証明書」と書く必要はありません。

(2) 法務局への提出方法

次の書類等を不動産がある地域の法務局（管轄法務局）に提出します。提出方法は、法務局の「不動産登記申請」の窓口に直接提出するほか、郵送（書留郵便）でもすることができます。

登記が完了するまでにはおよそ1週間〜1か月かかり、登記完了後には法務局から書類を受け取る必要があります。受け取る方法は、法務局に直接書類を取りに行くか（免許証等の本人確認書類・申請書に押した印鑑が必要）、相続登記を申請する際に宛名を記載し、切手を貼付した返信用封筒を提出しておくと、本人限定受取郵便で郵送してもらえます。封筒はA4サイズの書類が入る大きさのもので、切手は本人限定受取郵便の料金分を貼付します。

> 管轄法務局は、法務局ホームページで調べることができます。
> （法務局ホームページ「管轄のご案内」）
>
> https://houmukyoku.moj.go.jp/homu/static//kankatsu_index.html

　提出する書類は、以下の〈手順１～３〉に従って整え、１つにまとめて提出します。

〈**手順１**〉　**次の順で書類を重ねて、左側２か所をホチキスで綴じます。**

「申請書」

> 印紙の買い方・納め方→125ページ参照

・登録免許税を収入印紙で納める場合、「収入印紙を貼る紙」（Ａ４の白紙）を申請書の次に綴じます。

・申請書に押した印鑑で、申請書と契印します（契印は、印紙の上にかからないように押してください。）。

「添付情報」

・添付情報は原本を提出しますが、原本還付をしたい書類はコピーも添付します。

　原本還付したい書類は、コピーの余白部分に「原本に相違ありません」と記載し、申請人（名義をつける相続人）が署名（記名でも可）し、その隣に申請書に押した印鑑を押します。原本還付したい書類が複数枚ある場合は、一番上にくるコピーに記載・押印等をし、他の原本還付したい書類のコピーと契印をすれば足ります。

```
┌─────────────────────┐
│　　　住　民　票　　　│
│                     │
│                     │
│                     │
│  原本に相違ありません。│
│　　　甲野太郎㊞     │
└─────────────────────┘
```

第２章　スタートとコース選択　79

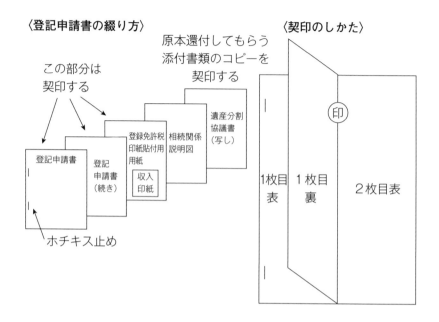

〈手順２〉 原本還付をしてもらう原本をホチキス止めやクリップ等でまとめます。

※ 原本還付したい書類は、申請書にコピーをつけるだけでなく、原本も一旦法務局に提出します。登記が完了するまで原本も返ってきません。

「相続関係説明図」を作成・添付した場合でも、すべての原本を一旦法務局に提出します。

〈手順３〉 登記完了後の書類を郵送してもらいたい場合は、宛名を記載し、切手を貼付した返信用封筒も提出します。

第3章

ゴールに向かって進め!!
～書類の集め方・読み方・書き方

1 相続登記のあれこれ

◆不動産登記簿（不動産登記記録）の確認方法と申請書への書き方

　相続登記では、亡くなった人が所有していた不動産について、登記されている内容を確認し、申請書に記載する必要があります。

(1) 登記されている内容の確認方法

　いわゆる「登記簿」は、1つの不動産（土地・建物）ごとに作成されています。その内容を確認するために、次のいずれかの方法で書類を取得しましょう。

　ア．法務局の窓口で「登記事項証明書」を取得する

　　（令和7年2月時点の価格　1通600円）

　　どこの法務局でも全国の不動産の登記簿が取得できます。

　　① 　法務局にある「 不動産用 登記事項証明書交付請求書」に
　　　不動産の所在地など不動産を特定する事項を書く。

> **POINT**　不動産の特定には土地であれば「地番」、建物であれば「家屋番号」が必要になります。住所と一致しない場合もあります（住所とは用途の異なる表示方法のため）ので注意しましょう。毎年届く固定資産税の納税通知書に「地番」「家屋番号」の記載があります。

　　② 　法務局内の印紙売り場または郵便局にて、取得する通数分の
　　　金額にあたる「収入印紙」を購入する。

　　③ 　①の交付請求書に②の印紙を貼り、証明書の交付窓口に提出
　　　する。

　イ．インターネットで「登記情報」を取得する

　　（令和7年2月時点の価格　1通331円）

支払いはクレジットカードで決済します。
① https://www1.touki.or.jp/ にアクセスし、「一時利用」の申込みをする。
② 不動産の所在地などを選択し、取得する。

(2) 申請書への書き方

取得した登記事項証明書または登記情報の「表題部」（一番上の四角い部分）に表示されているとおりに記載します。

亡くなった人だけが不動産の所有者の場合も、亡くなった人が不動産の一部を所有している場合も書き方は同じです。

登記されていない建物（評価証明書には載っているが、家屋番号がついていない「未登記建物」）は記載しません。

【土地】

●●県●●市●●町●●１－１　　　　　　全部事項証明書　（土地）

表　題　部　（土地の表示）	調整	余　白	不動産番号	●●●●●●●
地図番号	余　白	筆界特定	余　白		
所　　在	●●市●●町●● ①			

① 地番	②地目	③ 地　積　㎡ ②	原因及びその日付〔登記の日付〕
１番１	宅地	１２３｜４５	昭和６３年法務省令第３７号附則第２条第２項の規定により移記　平成●●年●●月●●日
余　白	余　白	余　白	

権　利　部　（　甲　区　）　（所有権に関する事項）			
順位番号	登記の目的	受付年月日・受付番号	権利者その他の事項
1	所有権移転	平成●●年●●月●●日　第●●●●●号	原因　平成●●年●●月●●日売買　所有者　●●県●●市●●町●●番地　甲　野　米　吉

〈上記内容から「不動産の表示」として抽出して記載する例〉

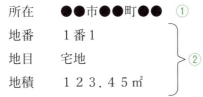

【建物（一戸建て）】

●●県●●市●●町●●1－1　　　　　　　　　　全部事項証明書　　（建物）

表　題　部 (主である建物の表示)	調整	余　白		不動産番号	●●●●●●●●
所在図番号					
所　在	●●市●●町●●　1番地1 ①			余　白	
家屋番号	1番1 ②			余　白	
①　種　類	②　構　造	③　床　面　積　　㎡		原因及びその日付〔登記の日付〕	
居宅	木造かわらぶき2階建	1階　　　50｜00	③	平成●●年●●月●●日新築 〔平成●●年●●月●●日〕	
		2階　　　50｜00			
所有者	●●県●●市●●町●●番地　甲　野　米　吉				

権　利　部　（　甲　区　）（所　有　権　に　関　す　る　事　項）			
順位番号	登　記　の　目　的	受付年月日・受付番号	権　利　者　そ　の　他　の　事　項
1	所有権保存	平成●●年●●月●●日 第●●●●●号	所有者　●●県●●市●●町●●番地 甲　野　米　吉

〈上記内容から「不動産の表示」として抽出して記載する例〉

　　所在　　　　●●市●●町1番地1　　①
　　家屋番号　　1番1　　②
　　種類　　　　居宅
　　構造　　　　木造かわらぶき2階建　　　　　　　③
　　床面積　　　1階50.00㎡
　　　　　　　　2階50.00㎡

※「附属建物」（車庫、倉庫等）が登記されている場合は、附属建物についても記載します。

　　附属建物の表示
　　符号1
　　種類　　　　●●
　　構造　　　　●●造●●ぶき●●階建
　　床面積　　　●●．●●㎡

コラム

海外に住所がある相続人がいる場合の対応

☞難易度 ★★★

　相続手続をする際に、住所が海外にある相続人がいる場合もあるでしょう。通常ならば、遺産分割協議書に押印した実印の印鑑証明書を添付することになりますが、海外在住の場合、印鑑証明書を取得することができません。この場合はその国の大使館や領事館（以下「在外公館」という。）に、遺産分割協議書を持ち込み、相続人本人の署名に「署名証明」を添付してもらい対応することになります。海外の居住地が日本の在外公館の所在地と離れている場合など「署名証明」を取得することが困難なときは、外国の公証人が作成した署名証明を添付して登記の申請をすることも認められています。

　どちらにしろ、領事らの面前で署名（または拇印）を行わなければならないので、申請する方本人が公館へ出向いて申請する必要があり、また、代理申請や郵便申請もできません。つまり、遺産分割協議書の原本のやり取りを本人が海外で行う必要があり、また、郵送や帰国等の手間がかかるため、時間に余裕を持った取組みをする必要があります。

　さらに、その相続人が相続においてその不動産を取得する場合は、通常であれば相続申請に添付する住民証明情報（住民票等）を添付するところ、こちらも添付できないため、在外公館で「在留証明書」を発行してもらい添付することになります。

　なお、外国語で作成されたものについては、その訳文も併せて添付する必要があり、海外の住所表記もカタカナ表示にして登記申請書に記載する必要がある等、細かな注意点もあります。海外での手続の2度手間、3度手間にならないためにも、できれば司法書士など専門家に依頼することをお勧めします。

第3章　ゴールに向かって進め!!　　85

【区分建物（マンションなど）】

　「一棟の建物の表示」・「専有部分の表示」・「敷地権の表示」、の３部構成となります。

●●県●●市●●町●●１－１			全部事項証明書　　（建物）	
専有部分の家屋番号	１－１－１０１　〜　１－１－１０３　　１－１－２０１　〜　１－１－２０３ １－１－３０１　〜　１－１－３０３			

表　題　部　（一棟の建物の表示）		調整	余　白	所在図番号	余　白

所　在	●●市●●町●●　１番地１		余　白
建物の名称	●●●●壱番館		余　白

①　構　造	②　床　面　積　　㎡		原因及びその日付〔登記の日付〕
鉄筋コンクリート造陸屋根３階建	1階	2 0 0 ｜ 0 0	〔平成●●年●●月●●日〕
	2階	2 0 0 ｜ 0 0	
	3階	2 0 0 ｜ 0 0	

表　題　部　（敷地権の目的である土地の表示）				
①土地の符号	②所在及び地番	③地目	④　地　積　　㎡	登　記　の　日　付
1	●●市●●町●●1番1	宅地	8 0 0 ｜ 0 0	平成●●年●●月●●日
2	●●市●●町●●1番2	宅地	1 0 0 ｜ 0 0	平成●●年●●月●●日

表　題　部　（専有部分の建物の表示）		不動産番号	●●●●●●●●
家屋番号	●●町●●　１番1の３０３		余　白
建物の名称	３０３		余　白

①　種　類	②　　構　　造	③　床　面　積　　㎡	原因及びその日付〔登記の日付〕
居宅	鉄筋コンクリート造１階建	3階部分　　5 0 ｜ 0 0	平成●●年●●月●●日新築 〔平成●●年●●月●●日〕

表　題　部　（敷地権の表示）			
①土地の符号	②敷地権の種類	③　敷　地　権　の　割　合	原因及びその日付〔登記の日付〕
1・2	所有権	1 0 0分の1 0	平成●●年●●月●●日敷地権 〔平成●●年●●月●●日〕
所　有　者	●●県●●市●●町●●番地　●　●　建　設　株　式　会　社		

権利部（甲区）（所有権に関する事項）			
順位番号	登記の目的	受付年月日・受付番号	権利者その他の事項
1	所有権保存	平成●●年●●月●●日 第●●●●●号	原因　平成●●年●●月●●日売買 所有者　●●県●●市●●町●●番地 　　　　甲　野　米　吉

〈上記内容から「不動産の表示」として抽出して記載する例〉

一棟の建物の表示

所在　　　　　　　●●市●●町●●　1番地1

建物の名称　　　●●●●壱番館　　　　　　　①

専有部分の表示

家屋番号　　　　●●町●●　　1番1の303　②

建物の名称　　　303

種類　　　　　　居宅

構造　　　　　　鉄筋コンクリート造1階建　　③

床面積　　　　　3階部分　50.00㎡

敷地権の表示

符号　1

所在及び地番　　●●市●●町1番1

地目　　　　　　宅地　　　　　　　　　　　④

地積　　　　　　800.00㎡

敷地権の種類　　所有権

敷地権の割合　　100分の10　　　　　　⑤

符号　2

所在及び地番　　●●市●●町1番2

地目　　　　　　宅地　　　　　　　　　　　④

地積　　　　　　100.00㎡

敷地権の種類　　所有権

敷地権の割合　　100分の10　　　　　　⑤

2　戸籍の読み方・集め方

⑴　戸籍の読み方

　後述（戸籍の収集方法。102ページ参照）のとおり戸籍の広域交付制度が始まり、戸籍が本籍地以外の役所でも取得できるようになったことで、被相続人等の出生から死亡までの戸籍を収集する手間は大幅に軽減されました。しかし、何らかの理由で広域交付制度を利用できない場合には、従来どおりの方法で不足する戸籍を収集しなくてはなりません。戸籍の記載は、その時代ごとに形式や内容が異なり、読み解くことは少し難しく感じるかもしれません。出生から死亡まで切れ目なく戸籍を揃えるためのポイントを、以下の事例で確認しましょう。

※本項では読みやすさを重視して「戸籍謄本」「改製原戸籍謄本」「除籍謄本」などの戸籍謄本等をまとめて「戸籍」と表示して説明します。

※事例の戸籍は、わかりやすく説明するため、実際の戸籍よりも簡略化したものになっています。

※必要となる戸籍の数や種類は、亡くなった人の状況によって大きく異なります。

事例）被相続人甲野太郎さんの出生から死亡までの戸籍謄本が、
①出生〜改製
②改製〜婚姻
③婚姻〜改製（コンピュータ化）
④改製（コンピュータ化）〜死亡
の計4枚の場合、④→③→②→①の順にさかのぼって取得するのが一般的です。

　それではまず④の戸籍謄本から見てみましょう。（90ページから）

88

| コラム |

☞難易度 ★

遺産分割協議が上手くいかない場合

　遺産分割協議では全員が一同に会する必要はありませんが、全ての相続人で話し合って、相続財産の分け方を決めていく必要があります。法定相続割合に従った多数決で決めるものでもなく、全ての相続人が納得した上で、協議書に押印を整える必要があります。

　遺産分割が上手くいかない事例として、相続した１つの相続財産を欲しい人が複数いて、お互い譲歩できない場合や、不動産の価値と金銭の価値に意見の対立があり折り合いがつかない場合、もっと相続財産があったはずだと考える人がいる場合など、多くのパターンが存在します。また、自分が多く財産をもらいたいけれども言い出しにくい人、自己主張が強く声を荒立てる人もいるかもしれません。そもそも、相続とは関係のない遺恨等で感情的になっていて、協力してくれない人がいるということもあるでしょう。

　様々な想いがある中で、個人の力では何ともならない状況の遺産分割は少なくないものです。こういった相続人らで進められない場合に対応する専門職は「弁護士」になります。家族間で争うことは避けたいと考える方も多いものですが、目を背けて放置し続けるのは得策ではありません。

　相続人同士で遺産分割の話し合いがまとまらない場合、まずは家庭裁判所に「遺産分割調停」の申立てをすることができます。遺産分割調停では、裁判所が第三者として間に入り、調停委員を通じて公平に協議を進める手続が用意されていますので、活用も視野に入れて検討していきましょう。

④の戸籍謄本

改製（コンピュータ化）（平成15年8月1日）から死亡（令和6年7月5日）まで

全部事項証明

本　　籍	愛知県名古屋市東区○○一丁目○番（＊3）
氏　　名	甲野　太郎
戸籍事項 　戸籍改製	【改製日】平成15年8月1日（＊2） 【改製事由】平成6年法務省令第51号附則第2条第1項による改製
戸籍に記載されている者 　　　除　籍	【名】太郎 【生年月日】昭和15年3月25日 【父】甲野一郎 【母】甲野花子 【続柄】長男
身分事項 　出　　生	【出生日】昭和15年3月25日 【出生地】岡山県津山市 【届出日】昭和15年3月29日 【届出人】父
婚　　姻	【婚姻日】昭和45年3月10日 【配偶者氏名】乙川良子 【従前戸籍】岡山県津山市○○町○番地　　甲野一郎
死　　亡（＊1）	【死亡日】令和6年7月5日 【死亡時分】午前10時25分 【死亡地】愛知県名古屋市東区 【届出日】令和6年7月6日 【届出人】親族　甲野良子
戸籍に記載されている者	【名】良子 【生年月日】昭和22年10月3日 【父】乙川一義 【母】乙川千代 【続柄】三女
身分事項 　出　　生	【出生日】昭和22年10月3日 【出生地】大阪府○○市 【届出日】昭和22年10月6日 【届出人】父
婚　　姻	【婚姻日】昭和45年3月10日 【配偶者氏名】甲野太郎 【従前戸籍】大阪府○○市○○町○番地○　　乙川一義
配偶者の死亡	【配偶者の死亡】令和6年7月5日

これは、戸籍に記載されている事項の全部を証明した書面である。

令和○年○月○日

名古屋市東区長　　　○○　○○　　　印

※1　甲野太郎さんの身分事項欄に「死亡」の記載があることを確認しましょう。

※2　改製（法律の改正により、形式変更するため改めて戸籍が作られること）により平成15年8月1日（改製日）に編製されていることがわかります。

※3　④の戸籍は改製を理由として編製されているため、ひとつ前の③の戸籍と本籍に変更はなく、同一本籍です。そのため、④と③の戸籍は同一本籍地で取得することになります。

なお、③の戸籍のことを改製原戸籍と呼びます。

〈戸籍のコンピュータ化〉

　④の戸籍はいわゆる「戸籍のコンピュータ化」により新たに編製されています。

　平成6年の戸籍法改正により、戸籍のコンピュータ化が認められました。従来、戸籍は紙で作成・管理されてきましたが、戸籍に記載されている項目をデータ化しコンピュータで管理していくことになりました。

　戸籍の様式や名称も改められ、コンピュータ化前は文章形式で記載されていた戸籍事項欄・身分事項欄は、事項ごとに項目化し簡潔な内容で記入されることになっています（『相続実務に役立つ戸籍の読み方・調べ方（第三次改訂版）』（ビジネス教育出版社）63ページ参照）。

③の改製原戸籍謄本

婚姻（昭和45年3月10日）から改製（コンピュータ化）（平成15年8月1日）まで

昭和弐拾弐年拾月参日大阪府○○市○○町で出生父届出同月六日受

附入籍㊞

昭和四拾五年参月拾日甲野太郎と婚姻届出大阪府○○市○○町○番

地○乙川一義戸籍より入籍㊞

昭和四拾七年八月参日名古屋市昭和区で出生同月八日父届出同月拾

日同区長から送付入籍㊞

平成四年拾月九日丙山雄太と婚姻届出同月拾四日名古屋市守山区

長から送付同区○○町参丁目○番地に夫の氏の新戸籍編製につき除籍㊞

父	乙川 一義	参 女
母	千代	
妻	良子	出生 昭和弐拾弐年拾月参日
父	甲野 太郎	
母	良子	長 女
出生	恵美	昭和四拾七年八月参日

この謄本は、原戸籍の原本と相違ないことを認証する。

令和○年○月○日

名古屋市東区長　　○○　○○

〔印〕

改製原戸籍

平成六年法務省令第五十一号附則第二条第一項による改製につき平成拾五年八月壱日消除 印（＊1）

本　籍　名古屋市東区○○一丁目○番

につき本戸籍編製 印（＊3）

婚姻の届出により昭和四拾五年参月拾日夫婦

昭和拾五年参月弐拾五日岡山県津山市○○町で出生父届出同月弐拾九日受附入籍 印

乙川良子と婚姻届出昭和四拾五年参月拾日受附岡山県津山市○○町

○番地甲野一郎戸籍より入籍 印（＊2）（＊4）

氏　名　甲野　太郎

父　甲野　一郎　長

母　花子　男

夫　太郎

出生　昭和拾五年参月弐拾五日

第3章　ゴールに向かって進め!!

※1　戸籍③は、戸籍消除日である平成15年8月1日までのもので
す。

　　→戸籍④との繋がりが確認できます。

　ひとつ前の戸籍②を取得するために、甲野太郎さんのア．戸籍③へ
の入籍日とイ．従前本籍地を確認しましょう。

ア．入籍日

※2　甲野太郎さんの身分事項欄には、婚姻に関する記載があり、入
　　籍日は昭和45年3月10日であることがわかります。

※3　また、戸籍事項欄の記載により、昭和45年3月10日に、婚姻
　　により編製されたことがわかります。

　　・この2つの記載から、戸籍③への入籍日は、昭和45年3月10
　　日であると確認できます。

イ．従前の本籍

※4　甲野太郎さんの身分事項欄の婚姻に関する記載より、「岡山県
　　津山市○○町…」が従前の本籍であることが確認できます。

　　　このことにより、戸籍②は、岡山県津山市に請求し、取得する
　　必要があることがわかります。

94

コラム

☞難易度 ★

相続時の銀行手続、証券会社手続

　不動産の相続登記手続を行っていく中で、銀行で預金等の解約、証券会社で株式等の有価証券の名義変更手続を並行して行っていくこともよくあります。この場合、銀行や証券会社等金融機関で提出する書類（戸籍や住民票、印鑑証明書等）はどこも同じような組合せになります。

　もし、預金や株式等の名義変更を急いでいない状況であれば、まず、最初に不動産の名義変更登記と法定相続情報一覧図の作成手続を行っていく方法が、手間が減る可能性があります。そのためには、不動産登記で作成する遺産分割協議書に現預金や有価証券等の相続財産の分配内容も記載しておき、相続登記申請の書類を揃えた上で、相続登記申請と合わせて法定相続情報証明制度を利用します。そうすると、法務局が証明した法定相続情報一覧図を取得でき、それを戸除籍謄本等の束の代わりに各種手続に利用できるため、戸籍のチェックやコピーなどの煩雑な作業が減り、時間短縮に繋がります。

　もっとも、金融機関ごとに相続関係の必要書類等は取扱いに若干の違いがありますので、詳細はそれぞれの金融機関に問い合わせて対応することになります。法定相続情報証明制度は原則無料の制度ですので、詳しくは本書156ページの内容を確認いただき、活用を検討いただけるとよいかと思います（なお、同時進行で手続を行いたい場合は、各相続人の印鑑証明書を複数枚取得して準備しておくと便利です。）。

②の除籍謄本

改製（昭和36年10月20日）から婚姻（昭和45年3月10日）まで

籍（印）
大正参年八月拾壱日三重県○○郡○○町で出生同月拾八日父届出入

父　丁村　三郎　弐
母　きぬ　　　　女　弐

昭和拾参年四月弐拾日甲野一郎と婚姻届出三重県○○郡○○町○○

番地丁村三郎戸籍から入籍（印）

昭和六拾弐年拾弐月五日夫死亡（印）

日親族甲野太郎届出除籍（印）

平成拾壱年四月拾七日午後参時五拾分岡山県津山市で死亡同月拾九

妻　花子
生出　大正参年八月拾壱日

昭和拾五年参月弐拾五日岡山県津山市で出生同月弐拾九日父届出

入籍（印）

父　甲野　一郎
母　花子　　　　男　長

昭和四拾五年参月拾日乙川良子と婚姻届出名古屋市東区○○一丁目

○番に夫の氏の新戸籍編製につき除籍（印）（＊1）

太郎
生出　昭和拾五年参月弐拾五日

（以下省略）

この謄本は、除籍の原本と相違ないことを認証する。

令和○年○月○日

岡山県○○市長　　○○　○○

印

除　籍

	氏　名	甲野　一郎

本　籍　岡山県津山市○○町○番地

昭和参拾弐年法務省令第二十七号により昭和
参拾六年七月参拾日改製につき昭和参拾六年拾
月弐拾日本戸籍編製㊞（＊2）

平成拾壱年四月拾九日本戸籍消除㊞

大正弐年四月八日岡山県○○町で出生同月拾日父届出入籍㊞

昭和参年四月弐拾日丁村花子と婚姻届出

昭和六拾弐年拾弐月五日午前参時参拾分岡山県津山市で死亡同月六日
親族甲野花子届出除籍㊞

父	亡甲野　仙蔵	長
母	亡　　とめ	男

夫	一郎
出生	大正弐年四月八日

※1　甲野太郎さんの身分事項欄の記載から、甲野太郎さんは、婚姻により戸籍②から昭和45年3月10日「除籍」となったことがわかります。
　　→戸籍③への入籍日は、昭和45年3月10日であったことから、戸籍③との繋がりが確認できます。

※2　戸籍事項欄の記載から、戸籍②は改製により、昭和36年10月20日に編製されていることがわかります。一方で、甲野太郎さんの身分事項欄には、従前の戸籍に関しての身分事項の記載はありませんから、戸籍②への甲野太郎さんの入籍日は昭和36年10月20日であることがわかります。
　　・戸籍④と同様に、戸籍②は改製を理由として編製されているため、ひとつ前の①の戸籍と本籍に変更はなく、同一本籍です。そのため、②と①の戸籍は同一本籍地で取得することになります。

コラム
☞難易度 ★★

住宅ローン等の抵当権が残っている相続

　住宅ローンを利用して購入した（建てた）不動産を相続することはよくあります。亡くなった方が若いケースであれば、まだ①ローンの返済中であることもありますし、高齢の方であった場合は②かなり昔に完済しているものの、抵当権抹消登記手続をせずに放置されていることもあります。

①の場合、まずは相続後、今後の債務の返済方法を含めて、金融機関と相談していく必要があります。その場合、抵当権の債務者変更登記手続が必要になり、司法書士を案内されるケースがほとんどです。また、債務の返済途中であっても、住宅ローンの返済が困難になった場合に借り手を保護するための「団体信用保険（通称「団信」）に加入している場合は、保険金でローンの残りの債務全額がカバーされることが一般的です。つまり、ローンが残っている場合でもその返済が不要になり、抵当権の担保解除登記（抵当権抹消登記）を行う流れになります。

　②の場合もよく見られる状況です。亡くなられた方がローンの返済を終えていたとしても、担保解除の登記が義務や強制ではないため、また、していないからといって普段の生活には影響がないため、そのままにされていることがよくあるのです。

　とはいえ、相続登記する際に、一緒に担保解除の登記を申請していくほうが好ましいと言えます。ローン返済時に担保解除書類を受け取っている場合はその書類を利用して（ただし、委任状等は金融機関の代表者が変わっていて、そのまま使えない場合もある点は注意が必要です。）、まだもらえていない（ローン返済後も金融機関に書類が残っているケースもあります。）場合は金融機関に請求して、手続を進めます。担保解除書類を受け取っているにもかかわらず、紛失してしまっている場合についても金融機関にお願いすれば、再度、解除に関する書類を発行してもらうことも可能ですので、放置せずにしっかり対応しましょう。なお、解除書類を紛失してしまっている場合は、やや登記申請の対応が複雑になるため、司法書士に依頼するほうが無難かもしれません。

第3章　ゴールに向かって進め!!　　**99**

①の改製原戸籍謄本

出生（昭和15年3月25日）から改製（昭和36年10月20日）まで

（以下省略）	九日受附入籍㊞	本籍二於テ出生甲野一郎届出昭和拾五年参月弐拾			拾参年四月弐拾日甲野一郎ト婚姻届出同日入籍㊞	三重県○○郡○○町○番地戸主丁村三郎弐女昭和
	母	父	妻		母	父
	花子	甲野 一郎	花子		きぬ	丁村 三郎
	出生 昭和拾五年参月弐拾五日 太郎	男　長	出生 大正参年八月拾壱日		女	弐

この謄本は、原戸籍の原本と相違ないことを認証する。

令和○年○月○日

岡山県○○市長　　○○　○○

印

改製原戸籍

本　籍　岡山県津山市○○町○番地

本籍ニ於テ出生父甲野仙蔵届出大正弐年四月拾日
受附入籍㊞

昭和四年九月拾弐日前戸主甲野仙蔵死亡ニ因リ家
督相続届出同月拾五日受付㊞（＊2）

丁村花子ト婚姻届出昭和拾参年四月弐拾日受付㊞

昭和参拾弐年法務省令第二十七号により昭和参拾
六年七月参拾日本戸籍改製㊞

昭和参拾弐年法務省令第二十七号により昭和参拾
六年拾月弐拾日あらたに戸籍を編製したため本戸籍
消除㊞（＊1）

前戸主　甲野　仙蔵

前戸主ノ続柄　甲野仙蔵長男

父　亡甲野　仙蔵　長
母　亡　とめ　男

戸主　一郎

出生　大正弐年四月八日

※1　戸主の身分事項欄の記載から、「改製」日は、昭和36年10月20日であることがわかります。

　　→戸籍②への入籍日は、昭和36年10月20日であったことから、戸籍②との繋がりが確認できます。

※2　戸主の事項欄の記載から、戸籍①は家督相続により、昭和4年9月15日に編製されていることがわかります。

　　一方で、甲野太郎さんの出生日は昭和15年3月25日ですから、戸籍①が甲野太郎さんの出生の時の戸籍となり、これより古い甲野太郎さんの戸籍は存在しないことが確認できます。

⑵　戸籍の収集方法

ア．戸籍謄本の広域交付制度

　戸籍法が改正されたことにより、令和6年3月1日以降、戸籍の広域交付制度が始まり、戸籍（※）が本籍地以外の役所でも取得できるようになりました。従来は、本籍地を管轄する役所でしか取得できなかったため、被相続人が転居や結婚などにより本籍地を移していると、それら全ての本籍地の役所へ戸籍を請求する必要があり、戸籍を揃えることがとても大変でした。広域交付制度を利用すると、「本籍地が遠くにある場合」でも「本籍地が全国各地に複数ある場合」でも、自宅や勤務先の最寄りの役所で取得できますので、戸籍の収集の負担が大幅に減ったと言えるでしょう。

POINT　この制度を利用して請求できる相続人の範囲や請求できる戸籍の種類には制限があります。利用できない場合に該当すると、従来どおり本籍地の役所に請求する必要があります。

※広域交付制度では戸籍謄本等が「戸籍証明書等」と表示されています。

イ．広域交付制度で戸籍証明書等を請求できる人（請求者から見た続柄）

・本人

・配偶者

・直系尊属（父母、祖父母など）

・直系卑属（子、孫など）

※　兄弟姉妹やおじ・おば等の戸籍は請求できません。

ウ．広域交付の対象ではない書類

・本籍地の役所において、コンピュータ化されていない紙の戸籍

・一部事項証明書、個人事項証明書（抄本）

　戸籍に記載されている人のうち、一部の人だけの記載事項を抜粋して証明したもの

・戸籍の附票

エ．請求に必要なもの

・**広域戸籍請求書**

・**請求者本人の本人確認書類**

　運転免許証、マイナンバーカードなどの官公署が発行した顔写真付きの証明書

　※　健康保険証や年金手帳など、顔写真のないものは不可。

・**一般的な交付手数料**

　戸籍全部事項証明書（戸籍謄本）：1通450円

　除籍全部事項証明書（除籍謄本）：1通750円

　改製原戸籍謄本：1通750円

・**（認印）**

　不要の場合が多いが念のため。

第3章　ゴールに向かって進め!!　　**103**

オ．請求方法

　請求者本人が直接、役所の窓口で請求書を提出し、本人確認書類を提示する必要があります。

カ．注意点

・郵送によって請求することはできません。
・委任状によって代理人が請求することや、後見人などの法定代理人によって請求することはできません。
・当分の間、本籍地を管轄する役所以外に請求をした場合、
　１）通常の開庁時であっても、本籍地を管轄する役所で交付するよりも時間がかかるため、交付が後日になることもあります。
　２）請求を受け付けた役所は、本籍地を管轄する役所に戸籍の発行の可否等を確認する必要があるため、本籍地を管轄する役所が閉庁している時間帯は交付がされません。

　市区町村の開庁時間帯は自治体ごとに異なるため、請求書を提出した市区町村が開庁している時間でも、確認する先の市区町村は閉まっているということがあるんですね。

キ．広域交付制度が利用できない場合

　本籍地を管轄する役所に直接出向き請求する、もしくは郵送で請求します。広域交付制度による請求と異なり、相続人からの委任状があれば、代理人による請求も可能です。

　郵送の場合は、本籍地を管轄する市区町村役場のホームページで申請方法や必要書類を確認します。ほとんどの場合、戸籍の交付申請書がダウンロードできるようになっており、その他の必要書類、定額小為替（手数料の現金支払いの代わりとして郵便局で購入します。）や

返信用封筒を同封します。

　被相続人等の戸籍は、原則として出生時から死亡時までのものを全て取得する必要がありますが、結婚や転籍などにより、本籍地が何度も変わっている場合もあります。まずは、亡くなった時の本籍地で、被相続人等の「死亡」が記載されている戸籍謄本等を取得します。そして、取得した戸籍謄本等の記載から、ひとつ前の本籍地を読み解き、その本籍地を管轄する役所に請求する……という手続を繰り返すことになります（88ページ〜「戸籍の読み方」参照）。

> **POINT** 被相続人等が亡くなった時の住所地と本籍地が異なる場合、被相続人等の最後の住所地で戸籍を取得することはできません。被相続人等の亡くなった時の本籍地は、住民票の除票等で確認しましょう。

　その一方、改製により新たに戸籍が編製された場合のように、本籍地に変更がない場合は、ひとつの役所で複数の戸籍を取得することができます。**戸籍の交付申請書**には、「**出生から死亡までの記載がある戸籍謄本等を各1通**」のように記入するとよいでしょう。

⑶　戸籍の種類

①　戸籍謄本（戸籍全部事項証明書）

　戸籍に記載された全員の身分事項（出生、婚姻、養子縁組、死亡等、個人の情報）を全て記載した戸籍。

　一般的には「戸籍謄本」と呼ばれますが、コンピュータ化以後の正式な名称は「戸籍全部事項証明書」です。

第3章　ゴールに向かって進め!!　　**105**

②　除籍謄本（除籍全部事項証明書）

　婚姻、養子縁組、転籍や死亡により、その戸籍に記載されていた人が誰もいなくなったとき、戸籍が閉じられます。その閉じられた戸籍の全部の内容が記載されたものを除籍謄本といいます。コンピュータ化後に除籍になったものの正式な名称は「除籍全部事項証明書」です。

例）同じ戸籍に両親と子が記載されていた場合、婚姻により子が新しい戸籍を作り、従来の戸籍から抜けます。その後、両親が死亡すると、その戸籍には誰もいなくなり、戸籍が閉じられます。

※筆頭者（戸籍の最初に記載されている人）が死亡しても、その配偶者や子が一人でもその戸籍に残っている場合は、除籍にはならず、現在戸籍となります。

③　改製原戸籍謄本（かいせいげんこせき。通称「はらこせき」）

　戸籍法の改正などにより、戸籍の編製単位の変更やコンピュータ化など、戸籍の様式が変更されることがあります。変更された場合、戸籍は新しい様式で作り替えられますが、様式が変わる前の戸籍のことを改製原戸籍といい、その全部の内容が記載されたものを、改製原戸籍謄本といいます。

> 相続登記に利用する被相続人の出生から死亡までの戸籍は、すべて「謄本」である必要があります。

　「謄本」には、戸籍に入っている者全員の身分事項が記載されているのに対し、「抄本」には、戸籍に入っている者のうち、一部の者の身分事項のみが抜粋し記載されています。相続登記においては、誰が相続人となるのかを確認する必要があるため、「抄本」は添付書面として利用することができません。また、登記手続以外の相続手続においても「謄本」を求められることが多いため、必ず「謄本」を取得しましょう。

『15事例による相続パターン別 よくわかる相続登記申請のしかた』補正情報

このたびは『15事例による相続パターン別　よくわかる相続登記申請のしかた』をご購入いただきまして、誠にありがとうございます。

本書の印刷後、令和7年3月7日付けで法務省から「検索用情報の申出について（職権による住所等変更登記関係）」が公表されました。

本書は同年1月10日付けで法務省が公表した内容に基づいて解説と登記申請書の記載例を掲載しているため、同年3月7日付けの通知により若干変更された箇所があります（本書41〜71ページ　申請書記載例）。

登記申請手続に影響はしない内容変更と考えられますが、法務省の下記URLをご参照いただければ幸いです。
https://www.moj.go.jp/MINJI/minji05_00678.html

なお、同年3月7日付け通知を反映した記載例は裏ページのようになります。

【事例1　P41 申請書記載例の場合】※赤字部分が変わった箇所

<table>
<tr><td colspan="2" align="center">登記申請書</td></tr>
<tr><td>登記の目的</td><td>所有権移転</td></tr>
<tr><td>原因</td><td>令和6年1月1日相続</td></tr>
<tr><td>相続人</td><td>（被相続人　甲野米吉）</td></tr>
<tr><td></td><td>●●県●●市●●町●●番地</td></tr>
<tr><td></td><td>甲野松子　㊞</td></tr>
</table>

氏名ふりがな	こうの　まつこ
生年月日	昭和●●年●●月●●日
メールアドレス	k_m-1@x.co.jp　※1

連絡先の電話番号　●●●－●●●●－●●●●

添付情報　　　　登記原因証明情報（原本還付請求）

住所証明情報（原本還付請求）

~~検索用情報証明情報~~　≪削除　記載不要≫

令和7年●月●日申請　●●法務局●●支局・出張所

（以下　記載略）

※1　登記名義人がメールアドレスを有してない場合は、メールア
　　ドレス欄に「なし」と記載します。

　　　メールアドレスの振り仮名の記載は「不要」に変更されま
　　した。ただし、手書き等で文字が判別しにくい場合は個別で
　　確認されることがあります。

以上

コラム

☞難易度 ★

所有不動産記録証明制度とは
（令和8年2月2日施行）

　戸籍の広域交付制度と同様に、相続登記の義務化による相続人の負担を軽くするための制度として、「所有不動産記録証明制度（仮称）」が創設されることになりました。この制度は令和8年2月2日に施行されます。

　登記官が、特定の者が所有権の登記名義人となっている不動産を一覧的にリスト化し、証明してくれる制度です。法務局で手数料を納付して請求すると、所有不動産記録証明書を受け取ることができるようになります。対象となっているのは、自分自身と被相続人が登記名義人となっている不動産です（もし、所有権の登記名義人となっている不動産がない場合には、その旨が証明されます。）。

　相続の際、亡くなった人が所有していた不動産を全て把握することは困難なことがあります。相続人が把握していない不動産は相続登記がされないまま放置され、所有者不明土地の増加の原因の一つとなっています。この制度を利用すると、被相続人が所有していた不動産を把握しやすくなるため、相続した不動産の登記漏れを防ぐことができると期待されています。

　現在、亡くなった人の所有していた不動産を調査する際には、「名寄帳」（なよせちょう）を利用することがあります。名寄帳とは、各市区町村が固定資産税を課税するために作成している、不動産所有者を管理する名簿のようなものです。不動産所有者ごとに作成されているため、名寄帳を取

得すると、被相続人が所有している不動産を調べることが可能です。ただし、名寄帳は市区町村ごとに作成されており、Ａ市の名寄帳に記載されているのは、Ａ市の不動産だけであるため、複数の市区町村に不動産を所有していた場合には、それぞれの市区町村で名寄帳を取得する必要があります。全国の不動産が対象となる「所有不動産記録証明」の制度がスタートすると、所有不動産の把握の負担が軽くなることがよくわかりますね。

　ただし、法務省が発表した資料によると、請求された登記名義人の氏名と住所に基づいて検索を行った結果を証明する制度であることから、登記記録の登記名義人の情報が最新のものに更新されていない場合（例えば、被相続人が引越や婚姻等により住所や氏名に変更が生じたにもかかわらず、それを登記に反映していなかった場合）、検索に引っかからない不動産が出てくる可能性があるということです。

　制度が実際に開始されないと詳細はわかりませんが、所有不動産の把握漏れを防ぐためには、被相続人の引越前の住所や旧姓による請求もするとよいかもしれません。

3 遺産分割協議書の書き方

遺産分割協議書

　共同相続人である私たちは、次の相続について、下記のとおり遺産分割の協議をした。

被相続人の最後の本籍　　●●県●●市●●町●●番地　　→（ア）
　　　　　　　氏名　　甲野米吉
相続開始の日　　令和6年1月1日

記

1. 相続財産中、次の不動産については、甲野松子が相続する。→（イ）

　　所　　在　　●●市●●町●●　⎫
　　地　　番　　1番1　　　　　　 ｜
　　地　　目　　宅地　　　　　　　｜
　　地　　積　　123.45㎡　　　　 ｜
　　　　　　　　　　　　　　　　　｜
　　所　　在　　●●市●●町●●　1番地1　⎬　→（ウ）
　　家屋番号　　●番●　　　　　　｜
　　種　　類　　居宅　　　　　　　｜
　　構　　造　　木造かわらぶき2階建　｜
　　床面積　　1階　50.00㎡　　　｜
　　　　　　　2階　50.00㎡　　　⎭

以上

　以上の協議を証するため、この協議書を作成し、各自署名押印のうえ各1通を保存するものとする。

令和6年●月●日　　　　　　　　　　→（エ）

住所　　●●県●●市●●町●●番地　⎫
氏名（署名）　甲野松子　㊞　　　　　⎬　→（オ）
　　　　　　　　　　　　　　　　　　｜
住所　　●●県●●市●●町●●番地　｜
氏名（署名）　甲野太郎　㊞　　　　　⎭

亡くなった人が遺言書を残していない場合で、遺産分割協議によって不動産の名義人を決める場合は、遺産分割協議書を作成し、相続人全員が実印を押印する必要があります。

⑴　**遺産分割協議書の書き方**

手書きでもパソコン等で作成してもどちらでもかまいません。

紙の大きさも自由ですが、2枚以上になる場合は、相続人全員の実印での契印（綴り目等に押印すること。例えば2枚になった場合、1枚目を折り曲げて、文字のかからない場所で1枚目の裏面と2枚目の表面の両方に半分ずつ陰影が残るように押印する。）が必要です。

A4かA3の紙を使用し、片面だけに記載することが一般的です（裏面は白紙のまま）。

（ア）　**亡くなった人について**

最後の本籍、氏名、死亡年月日を記載します。

相続人のうち、登記申請をする前に亡くなっている人がいる場合は、その人についても最後の本籍、氏名、死亡年月日を記載します（事例10・12・13）。

（イ）　**誰がどのように相続するか**

遺産分割の方法は次の3パターンがあります。どの方法で分けるかを決めて、遺産分割協議書に記載しましょう。

①　現物分割

不動産をそのまま（「現物」のまま）相続人名義にする方法

〈記載例〉相続財産中、次の不動産については、●●●●が相続する。

---

②　換価分割

不動産を売却することにより現金化（「換価」）し、得られた売却代金から必要経費等を除いた額を、相続人間で分配する方法

名義をつけない相続人にも売却利益を分ける場合は②、名義をつけた相続人だけが売却利益を得る場合は、①となります。

売却代金　－　$\left\{\begin{array}{l}\text{・相続登記手続の費用}\\ \text{・売却費用}\\ \text{・管理費用等}\end{array}\right.$　＝相続人間で分配する額

〈記載例〉
1．相続財産中、次の不動産については、換価分割を目的として、●●●●が取得する。
2．相続人●●●●は、前項の不動産を売却、換価するものとし、売却代金から、不動産相続登記手続に関する一切の費用、売却に関する一切の費用（不動産仲介手数料、登記費用、譲渡所得税等）及び売却が完了するまでに要する管理費用等を控除した残額を、下記相続人が下記相続割合で分割し、取得する。

記

●●●●	2分の1
■■■■	2分の1

以上

③　代償分割
　不動産を相続人のうちの1人（または数人）名義にする代わりに、名義をつけた相続人が名義をつけなかった相続人、または取得割合が少ない相続人に対し、「代償」金を支払う、または「代償」物を交付する方法

第3章　ゴールに向かって進め!!　　**111**

〈記載例〉

1．相続財産中、次の不動産については、●●●●が相続する。

2．相続人●●●●は、前項の不動産を取得する代償として、相続人■■■■に対し、金●●万円を●●年●●月●●日までに支払う。

（ウ）　相続財産について

相続する不動産を登記簿どおりに記載します（83ページ参照）。

① 登記されていない建物（未登記建物）がある場合

「評価証明書」や「納税通知書」どおりに、不動産の所在地や床面積を記載します（77ページ参照）。

登記されていない建物がある場合、市区町村役場への所有者変更届が必要になります（今後の固定資産税を支払う人を誰か決めて、役所に伝える手続）。不動産所在地の市区町村役場（税務課、資産税課などの名称の部署）に必要書類や手続方法を問い合わせましょう。

〈記載例〉

未登記建物　所　在　　●●市●●町1番地1

種　類　　倉庫

構　造　　木造かわらぶき平家建

床面積　　15.00㎡

② 登記されていない建物で「評価証明書」や「納税通知書」にも記載がされていないものがある場合

登記されておらず、証明書等にも記載がないが、現実として何か建っている場合は、"土地上にある全てのものを相続する"と

いう意味の文言を入れておくといいでしょう。

〈記載例〉
●●市●●町1番地1の土地上に存する建物、造作物及びその他一切

既に解体されてなくなっている建物の登記簿等が残っている場合は、「滅失登記（その建物が存在しなくなったので、該当する登記簿を閉鎖する登記）」を申請する必要があります。この手続の専門家は土地家屋調査士になります。

③　後で他の相続財産が判明する場合に備える条項
　協議をした後に他の財産が判明する場合に備えて、その分け方が決まっていれば、その旨も記載しましょう。何も書かなければ、判明した際にその財産について改めて遺産分割協議をすることになります。

〈記載例〉
新たに相続財産の存在が判明した場合の当該相続財産については、●●●●が相続する。

（エ）　協議した日
　全員で話合いがまとまった年月日を記載します。和暦でも西暦でもかまいません。

（オ）　相続人について

　相続人全員（名義をつけない人も含む。）の氏名、現住所を記載し、全員が氏名の横に実印を押します。法務局が印鑑証明書の印鑑と合っているかを確認しますので、綺麗に押せなかった場合は、重ならないように、隣の余白部分に押し直しましょう。

　氏名は署名（本人による手書き）でなくとも有効ですが、本人の意思確認の意味を込めて、自署することが一般的です。

⑵　遺産分割協議書作成のポイント

　上記⑴（ア）〜（オ）に記述間違いがないように注意しましょう。間違いがあると、登記申請に利用できません。内容を訂正をする場合は相続人全員から訂正印をもらう必要があります。

　また、上記⑴のうち、（イ）誰がどのように相続するか、（ウ）相続財産については、後でトラブルにならないよう、特に詳しく記載しておくといいでしょう。

　なお、相続税の申告にも利用する場合は、税理士にも相談して作成を検討するとよいでしょう。

⑶　不動産の共有リスク

　不動産はなるべく１人の名義にすることをおすすめします。

　２人以上の名義（共有）にしてしまうと、次のような不都合が出てくる可能性があります。

ア．売却時に全員の同意・協力が必要

　不動産を売りたいと考えた時に、名義人全員の同意・協力が必要になります。誰か１人でも売ることに反対していると、事実上、売ることができません。全員の同意があるとしても、遠方に住んでいる場合は、売買契約や不動産の引渡し時のやりとりが大変になります。

また、名義人のうち誰かが認知症になり判断ができない状態になっている場合も売ることができません。この場合は、成年後見制度（法律で認められた代理人制度）を利用する必要があります（150ページ参照）。

イ．管理費用等の分担でもめる

お金の問題でもめてしまう可能性があります。

不動産を所有しているだけでも様々な費用がかかります。税金（固定資産税）、公共料金の支払い、維持費用や修繕費用などです。誰がどれくらい払うのか、臨時に費用が必要になった場合はどうするのか等、全員が納得する分担方法をあらかじめ決めておきましょう。

ウ．誰か1人が亡くなると、名義人が変わる

共有者のうち誰かが亡くなると、その人について相続が発生します。

家族（母・子ども等）での共有であればそこまで問題にならないかと思いますが、親戚間（叔父叔母・いとこ等）と共有になっている場合、その相続人とは疎遠で、その相続人が今までの経緯をあまり知らない可能性もあります。

そうすると、いつ売却するか、誰が税金等の支払いをするか、等を最初の相続時にきちんと決めていたとしても、それを新しい名義人が亡くなった人から聞いていなかった場合等には、改めて決め直さなければならないこともあるでしょう。この場合の対策としては、最初に決めたことは書面に残し、相続人にも引き継がれていく旨を明確にしておくとよいでしょう。

また、亡くなった共有者の相続人が相続登記をせずに長期間放っておいたところ、その相続人も亡くなってしまうと、誰が共有者なのかわからなくなる可能性があります。共有者が亡くなったら、相続

第3章　ゴールに向かって進め!!　　**115**

登記をするよう促し、誰がその不動産の共有者なのかを明確にしておきましょう（連絡が取れない相続人がいる場合は152ページ参照）。

⑷　税金について

①　登録免許税

登記の内容を変更する際に法務局に支払う税金です（122ページ参照）。

②　不動産取得税

不動産を取得した際に都道府県に支払う税金です。**相続により不動産を取得した場合、かかりません**。

③　固定資産税

不動産を所有している人が市区町村に支払う税金です。

毎年1月1日時点での登記簿に載っている所有者宛に4月以降順次納税通知書が送られてきます。

所有者が亡くなっている場合、その相続人のうち、年長者・同居人・市区町村内在住の者に納税通知書が送られてくることが多いでしょう。送付先を指定したい場合は、事前に不動産所在地の市区町村役場（税務課、資産税課などの名称の部署）に連絡しておくとよいでしょう。

また、亡くなってから相続登記をするまでに時間がかかるケースでは、その間の税金は誰が負担するのかも話し合っておくとよいでしょう。

④　贈与税

上記⑴（イ）の②「換価分割」や③「代償分割」をする場合、その旨を遺産分割協議書に記載しておかないと、売却代金を分けたり代償金を払ったりする際に贈与税がかかってしまいます。上記⑴（イ）の①～③の記載例を参考に作成しましょう。

116

⑸　協議をすることが難しい、できない相続人がいる場合

（ⅰ）認知症等の相続人がいる場合　　　　　150ページ参照

（ⅱ）連絡が取れない相続人がいる場合　　　152ページ参照

（ⅲ）未成年者がいる場合

未成年者自身は遺産分割協議をすることができません。

そのため、未成年者がいる場合は、次の方法が考えられます。

① 法定代理人（通常は親権者）が代わりに遺産分割協議をする

なお、法定代理人が代わりに協議できない場合もあります。

例えば、法定代理人も相続人の場合（母と未成年者が相続人）、未成年者２人が相続人でその法定代理人が共通の１人の場合（相続人である未成年者が２人のケースで法定代理人が母１人のみの場合）等です。

法定代理人も相続人である場合、法定代理人と未成年者の利益がぶつかり合ってしまうため（一方の取り分が増えると一方が損してしまう関係）、法定代理人は代わりに協議ができません。母が自分の名義にしたいがために、未成年者が相続しないよう話を進めてしまう可能性があるからです。同じように、未成年者２人の法定代理人が１人である場合、どちらかに有利になるよう進めてしまう可能性があるため、法定代理人はどちらか１人の代理しかできません。

② 「特別代理人」を選任する

法定代理人が代わりに協議できない場合は、家庭裁判所に「特別代理人」という人を選んでもらいましょう。

特別代理人は、未成年者に代わって遺産分割協議をすることができます。ただし、特別代理人は、未成年者に不利な協議ができません（未成年者が法律で決められた割合以上の財産をもらうような協議内容になることが一般的です。）。

第3章　ゴールに向かって進め!!　　**117**

特別代理人は、今回の遺産分割協議をすればその業務は終わりになります。その後、不動産を売却する際は、法定代理人がいれば、未成年者名義であったとしても、特別代理人を選ぶことなく、売却をすることができます。

③　法定代理人がいない場合

　この場合は、家庭裁判所に「未成年後見人」を選んでもらいましょう。未成年後見人は、法定代理人となりますので、未成年者に代わって遺産分割協議をすることができます。未成年者名義の不動産を売却する際にも代理することができます。

　未成年後見人の業務は、未成年者が成年になるまで続きます。

④　成年になるのを待つ

　相続登記をする期限（相続人であることを知ってから３年以内）までに、成年になり協議をして登記を終わらせることができるのであれば、成年になることを待つのも１つの方法です。

コラム

相続土地国庫帰属制度

☞難易度 ★★★

　相続土地国庫帰属制度は、令和5年4月27日からスタートした、相続により取得した土地を相続人の希望によって国庫に帰属させることを可能にする制度です。土地の適正な管理と利用を促進し、放置された土地の問題を解決することを目的としています。（詳細は法務省ホームページ「相続土地国庫帰属制度について」

　　　　　https://www.moj.go.jp/MINJI/minji05_00454.html 等が参考になります。）

　（※あくまで、土地の制度ですので、相続した建物については適用外です。制度を利用する場合は、事前に解体や残置物の撤去等をしておく必要があります。）

【相続土地国庫帰属制度の流れ】
①相続等によって、土地の所有権または共有持分を取得した人が、法務局にその土地の所有権を国庫に帰属させることについて、承認申請をする。

⇓

②法務局が必要であると認めた場合、審査、調査する。

⇓

③法務局が管理や処分について法令等の要件を満たすと判断する場合、土地の所有権の国庫への帰属について承認する。（※申請すれば、必ず承認されるわけではない。むしろ、取扱いや流通が難しい不動産ほど国庫帰属が望まれるため、承認されないケースも多い。）

⇓

④土地の所有権の国庫への帰属の承認を受けた相続人が、一定の負担金を国に納付し、その時点で、土地の所有権が国庫に帰属する（国の名義に変わる。）。

【国庫帰属制度を利用できない不動産の具体例】
○そもそも、申請をすることができない土地の具体例
・建物がある土地（解体した後、申請は可）
・抵当権などの担保権や地上権などの使用収益権が設定されている土地
・自分以外の他人が利用し、または利用する予定がある土地
・土壌汚染された土地
・境界がわからない土地や、名義等に争いがある土地
○承認を受けることができない土地の具体例
・山林などの一定の傾斜地、または高さのある崖がある土地
・土地の管理・処分に邪魔になる建物、地下の埋設物等が存在する土地
・隣の土地の所有者等と争っている土地
・その他、通常の管理・処分に当たって過分な費用・労力がかかる土地

【費用】
　申請時点で必要となる、申請費用1万4,000円（土地1筆当たり・承認されなくてもかかる費用）および承認された場合、土地によって、最低20万円から（場合によっては100万円近く）の土地管理費用相当分の負担金（引取り手数料）の支払いが必要になります。
※国に買い取ってもらう制度ではなく、不必要な不動産を引き取ってもらう制度ですので、相続した人が国にお金を支払う必要が

120

ある点に注意しましょう。

【相談窓口】
　承認申請を検討する段階の相談については、承認申請先である（＝承認申請をする土地が所在する）都道府県の法務局・地方法務局（本局）が窓口になります。ただし、土地が遠方にある場合など、承認申請先の法務局・地方法務局（本局）への相談が難しい場合は、お近くの法務局・地方法務局（本局）でも相談が可能のようです。また、令和6年10月15日からWebによる相談対応も始まっていますので、活用を検討しましょう。

　　　　　　（法務省ホームページ「相続土地国庫帰属制度の相談対応について」）
　　　　　https://www.moj.go.jp/MINJI/minji05_00498.html

　相続土地国庫帰属制度は、現時点ではまだ運用が始まったばかりであり、相続人が処分に困っている不動産（負動産）の全てをカバーできているわけではありません。また、対象の土地として、要件を満たせているかどうかの判断も決して緩やかではないため、承認されない事例も多いようです。制度の趣旨としてはもっと活用されていくべきものですので、徐々にでも利用範囲の柔軟性や取組みの利便性の向上が期待されます。

第3章　ゴールに向かって進め!!

☞難易度 ★

4 登録免許税の計算の仕方

相続登記を申請する際、法務局に税金を支払わなければなりません。それが「登録免許税」です。税金額は、不動産の課税価格から計算します。

(1) 不動産登記申請の課税価格

市区町村役場が発行する固定資産の「評価額」が載っている最新年度の「評価証明書」や「納税通知書」等をご用意ください（77ページ参照）。

評価証明書や納税通知書に記載されている土地の「地目」・「地積」、建物の「種類」・「床面積」・棟数等が「登記事項証明書」（82ページ参照）の表記と異なる場合、そのままの「評価額」では計算できないことがありますので、管轄法務局に問い合わせをしてください。

「評価額」が「非課税」または「0円」となっている場合でも、登録免許税はかかります。この場合、管轄法務局に、どんな「評価証明書」を取得すべきかを確認してください。

① 亡くなった人だけが不動産の所有者の場合

各不動産の「評価額」を足した合計額の、1,000円未満を切り捨てた額

複数の土地・建物がある場合は、すべての「評価額」を足して、1,000円未満を切り捨てます。

例）　土地の評価額　　　　　　　10,123,123円……❶

　　　建物の評価額　　　　　　　　5,123,123円……❷

　　　評価額合計　　❶＋❷ ＝ 15,246,246円……❸

　　　課税価格　　　❸の1,000円未満を切り捨てる

　　　　　　　　　　　＝ 15,246,000円

　　　⇒「課税価格　　金15,246,000円」と申請書に記載

②　亡くなった人が不動産の一部を所有している場合

　各不動産の「評価額」に、亡くなった人の持分をかけ、小数点以下は切り捨てる。

　それらの合計額の1,000円未満を切り捨てた額

例）　亡くなった人の持分が土地・建物ともに2分の1の場合

　　　土地の評価額　　　　　　　10,123,123円 ……❶

　　　建物の評価額　　　　　　　　5,123,123円 ……❷

　　　亡くなった人の持分に相当する土地評価額　❶×持分2分の1

　　　＝ 10,123,123円×2分の1 ＝ 5,061,561円……❸

　　　亡くなった人の持分に相当する建物評価額　❷×持分2分の1

　　　＝ 5,123,123円×2分の1 ＝ 2,561,561円……❹

　　　評価額合計　❸＋❹＝ 7,623,122円…………❺

　　　課税価格　　❺の1,000円未満を切り捨てる＝ 7,623,000円

　　　⇒「課税価格　　金7,623,000円」と申請書に記載

第3章　ゴールに向かって進め!!　　**123**

⑵ 登録免許税の計算

上記⑴で計算した「課税価格」に1,000分の4をかけ、100円未満を切り捨てた額（計算結果が1,000円未満になった場合、税金は1,000円となります）

例）　課税価格　　　　　　　　　　15,246,000円……❶

　　　登録免許税　❶×1,000分の4　＝60,984円……❷

　　　❷の100円未満を切り捨てる＝ 60,900円

　　　⇒「登録免許税　　金60,900円」と申請書に記載

※免税措置（登録免許税を支払わなくてもよい場合）

令和7年1月現在、相続登記申請において、以下の場合、法令の特例で免税措置が適用される場合があります。

① 相続登記をする前に亡くなった人を名義人とする相続登記（相続登記申請 （事例11） の亡母名義の部分）

| 相続人 | （被相続人　甲野米吉）
●●県●●市●●町●●番地
持分2分の1
亡甲野夏子
●●県●●市●●町●●番地
（申請人・上記相続人）　2分の1　　甲野正　㊞
連絡先の電話番号　●●●－●●●●－●●●● |

（事例11） の場合、亡甲野夏子（母）名義にする持分2分の1の部分だけ税金がかかりません。甲野正が名義をつける持分2分の1の部分には税金がかかります。上記⑴②を参考に、持分2分の1に対する課税価格・登録免許税を計算し、申請書の該当箇所には、次のように記載します。

124

> 〈記載例〉課税価格　　　金●●，●●●円
> 　　　　　登録免許税　　　金●●，●●●円
> 相続人亡甲野夏子が移転を受ける持分については租税特別措置
> 法第84条の2の3第1項により非課税

②　土地の評価額が100万円以下であり、令和7年3月31日まで
に相続登記を申請する場合

この場合、課税価格は記載せず、「登録免許税　租税特別措置法
第84条の2の3第2項により非課税」と記載します。

土地・建物をまとめて相続登記の申請をする場合は、建物の課税
価格・登録免許税のみを計算し、申請書の該当箇所には、次のよう
に記載します。

> 〈記載例〉課税価格　　　金●●，●●●円
> 　　　　　登録免許税　　　金●●，●●●円
> 土地について租税特別措置法第84条の2の3第2項により非
> 課税

免税措置の期限については、執筆時点では令和7年度税制改正法案
が成立していませんが、2年延長される予定です。

(3)　印紙の買い方・納め方

登録免許税の納付方法には、ア．収入印紙を貼付する方法とイ．金
融機関で納付し、その領収証書を貼付する方法とがあります。なお、
法務局で現金納付することはできませんので、注意しましょう。

収入印紙による納付は、法律上は登録免許税が3万円以下の場合に
限定されていますが、実務上は3万円を超える場合でも利用されてい

第3章　ゴールに向かって進め!!　　125

ます。

　ア．収入印紙で納付する方法

※収入印紙は切手のような形状で10万円が最高額です。

　1）郵便局もしくは法務局で登録免許税の納付額分の収入印紙を購
　　　入する

　2）収入印紙をA4サイズの白紙に貼り付ける

　注意点　・印紙は重ならないように貼る

　　　　　・消印（印紙に押印）しない

　3）登記申請書の最終ページの後ろに印紙を貼った紙を重ね、合綴
　　　（ホチキスどめ）する（80ページ参照）

　4）申請書に使用した印鑑で申請書と印紙を貼った紙を契印する
　　　※契印が印紙にくっつかないように注意

　イ．現金で納付する方法

　1）最寄りの税務署等で所定の納付書を取得し、必要事項を記入する

　2）税務署や国税納付を取り扱っている金融機関で登録免許税相当
　　　額を現金納付する

　3）納付後に受け取った領収証書の貼付方法はア．2）〜4）と同
　　　じ

コラム **原野商法等で取得してしまった山林などの不動産の相続**

☞難易度 ★★★★

　亡くなられた方が先祖から山林等を相続しているケースもあれば、過去に購入していた地縁も利用価値もない山林を所有しているケースがあります。いわゆる「原野商法」と言われる価値の低い山林や原野を騙して売りつける悪徳商法の遺物かもしれません。1960年代〜1980年代に被害が多く、建設計画がないにもかかわらず、「開発計画があるのでこの土地はもうすぐ値上がりする」と説明を受け購入した方の相談は非常に多く存在します。

　残念ながら、当時の売主であった法人は既に解散している等、その売買契約自体を争って問題解決をすることは難しいのがほとんどでしょう。また、そういう事情に便乗して、2010年代以降は原野商法の被害者を狙った二次被害（管理料を請求されたり、調査費用や整地費用を請求される）が急増しているようです。生前に処分しておいて欲しかったという相続人の気持ちも理解できるところですが、相続後も放っておくことでさらに権利関係が複雑になり、次の代の相続人にも面倒が残ることを避けるために対応が必要です。

　もちろん、自身が要らない価値のない原野や山林は売買の流通に適していないため、なかなか売れることはありません。売れるにしても時間がかかることが多いものですが、粘り強く対応していく必要があります。国や市区町村に寄付すればよいと考えている方もいらっしゃいますが、実務においては非現実的で困難だと筆者は感じています。また、「相続土地国庫帰属制度」（119ページ参照）の利用も山林である場合は大きな傾斜があるために、原野である場合は境界が不明確であるために、制度を利用できない

ケースに該当することが多く、実現はかなり難易度が高いと考えられます。また、この不動産だけ相続放棄すればよいのではと考える方も多いのですが、そのような都合のよい相続放棄はできず、相続放棄の場合は全ての相続財産を放棄する必要がありますし、放棄したとしても次順位の相続人（亡くなった方の配偶者と子どもが放棄した後は、亡くなった方の親、その親が亡くなっている場合等は、亡くなった方の兄弟姉妹）に相続の権利が引き継がれる形になります。

　全ての人が相続放棄を行うのも大変なのですが、仮に全ての人が相続放棄を行ったとしても、相続財産清算人※等に引き継ぐまでは、その不動産の保存義務等一定の責任については残るケースもあります。そのため、法的には諸説ありますが、相続放棄したとしても完全に責任等が免除されるわけではない（民法940条1項）と言えるので、注意が必要です。詳しくは司法書士などの専門家に相談して対応を検討していくことをお勧めします。

※「相続財産清算人」とは

　相続人の存在・不存在が明らかでないとき、裁判所に選任される、債務の支払い等の清算を行う人。

5 相続人申告登記

☞難易度 ★

(1) 相続人申告登記とは

何らかの事情で、期限内に相続登記の申請をすることが困難な場合に、相続登記申請より簡易な手続で暫定的に「相続登記の申請義務」を果たしたと取り扱ってもらうよう、新たに設けられた救済的な制度です。

①登記記録上の所有者について相続が開始したこと
②自らがその相続人であること

これらを期限内に申し出ると、登記官が審査の上、申出をした相続人の氏名・住所等を所有権の登記に付記します。これにより、相続登記の申請義務を履行したものとみなされるため、過料の対象からも外れることになります。

相続人申告登記は、所有権が相続人に移転したということを公示するものではなく、申告人がその不動産の所有者(被相続人)の相続人であるということを表しています。

つまり、**不動産の登記名義人は被相続人のままです。**そのため、登記識別情報(権利証)は発行されませんし、持分も記録されません。

(2) 申出先

申出は、相続登記と同様、被相続人が所有していた不動産の所在地を管轄する法務局に対して行います。

例)被相続人が、東京都品川区と愛知県名古屋市中村区に不動産を所有していた場合
　→　東京法務局品川出張所　と　名古屋法務局本局

不動産の所在地を管轄する法務局はどこなのかについては、法務局のホームページで確認することができます。

https://houmukyoku.moj.go.jp/homu/static//kankatsu_index.html

申出方法は、「書面による方法」と「オンラインによる方法」があります。書面による場合は、申出書と添付書類を管轄法務局の窓口に持参する、もしくは、管轄法務局に郵送することにより行います。オンラインによって申し出る場合は、143ページ以降を参照してください。

⑶　相続人申告登記の特徴

　相続人申告登記は、簡易に相続登記の申請義務を果たすことができるように設けられた制度であるため、以下のような特徴があります。

ア．特定の相続人が単独で申出可能

　相続人が複数存在していても、一部の相続人が単独で申し出ることができます。他の相続人の承諾を得る必要はありません。また、他の相続人の分を代理で申し出ることも可能です。

イ．添付書類が少ない

　相続人申告登記の申出の際には、法定相続人の範囲や法定相続分の割合が確定している必要がありません。そのため、必要とされる添付書類が少なくなり、書類を集める負担が軽くなります。

ウ．押印や電子署名が不要

　遺産分割協議書が不要なので、印鑑証明書の取得等も不要です。

エ．専用のソフトウェアを利用することなく、Webブラウザ上で手続が可能

　Webブラウザから手続が可能となるサービス「かんたん登記申請」が利用できます。通常の登記申請手続と異なり、専用のソフトウェアをパソコンにインストールする必要がなく、どのパソコンからでも気軽に利用することができます（143ページ参照）。

オ．非課税

　法務局へ申告する際の登録免許税や手数料はかかりません。

⑷　注意点

ア．不動産の売却や抵当権の設定はできない

　相続人申告登記は、不動産所有者に相続が発生したこと、そして申出人が相続人であることが表されているにすぎず、不動産についての権利関係を表しているものではありません。つまり、登記簿上の所有者は被相続人のままということになります。不動産を売却して買主に所有権を移転する登記を申請するためには、その前に相続人名義で相続登記を申請し、その名義人となった相続人が買主と売買契約を結ばなくてはなりません。

　同様に、担保権の設定、つまり、不動産を担保にして金融機関からお金を借りたい、という場合も、その前に相続人名義で相続登記を申請する必要があります。

　たとえ相続人全員が相続人申告登記をしていたとしても、相続登記を省略することはできません。

　被相続人が所有していた不動産を売却し、その代金を相続人で分配したいというようなケースにおいては注意しましょう。

イ．遺産分割協議が整えば、再度相続登記が義務付けられる

　相続人申告登記をしても、その後に遺産分割が成立した場合、遺産分割成立の日から３年以内に、遺産分割の内容に沿った相続登記を申請することが義務付けられています。

ウ．義務を履行したとみなされるのは申出人のみである

　相続登記の義務を履行したとみなされるのは、申出を行った相続人のみです。「自分以外の相続人が申出をしたから、自分も義務を果たしたことになっている」と勘違いしないように注意しましょう。

エ．持分は登記されない

　相続人申告登記は不動産の権利関係を公示する登記ではないため、各相続人の持分は登記されません。

第３章　ゴールに向かって進め!!　　**131**

相続人申告登記は簡易に義務を履行することができる一方で、上記のとおり注意すべき点もいくつかあります。ですから、期限内に相続登記の義務を履行することが難しい下記のような場合に、その利用を検討するとよいでしょう。
・「相続登記が長期間放置されていた」、「複数の相続が発生している」等の理由で、相続人が多数に及び、相続人の調査に多くの時間を要する場合
・遺産分割協議がまとまらず、不動産を相続する人を決められない場合

(5) 必要書類

相続人申告登記の申出をする際に、申出書に添付する書類は以下のとおりです。

① 申出人が不動産の登記名義人の相続人であることを証明する情報
② 申出人の住所を証明する情報
③ 委任状（申出本人以外の人が代理で申請する場合）

一つずつ詳しくみていきましょう。

① 申出人が相続人であることを証明する情報
（事例１）申出人が、被相続人の子どもである場合
　　（ⅰ）被相続人の死亡した日がわかる戸籍
　　（ⅱ）申出人が被相続人の子であることがわかる戸籍
　　（ⅲ）被相続人の死亡した日以後に発行された申出人の戸籍

上記の戸籍が重複する場合、同じものを複数添付する必要はありません。申出人が被相続人と同じ戸籍に入っている場合、申出人の戸籍が（ⅰ）～（ⅲ）を兼ねますから、１通取得することで足ります。し

かし、結婚等で申出人が被相続人の戸籍から出ている場合など、（ⅰ）の戸籍に申出人の記載がされていないときは、（ⅱ）、（ⅲ）の戸籍が必要になります。

相続登記の申請では、原則、被相続人の出生から死亡までの戸籍や、相続人全員の戸籍の添付が必要とされることと比べると、ずいぶん負担が少ないことがわかりますね。ただし、被相続人の兄弟姉妹が相続人となるケースや、相続人が亡くなっているケース（数次相続のケース）等では、以下の例のように必要となる戸籍が増えますから注意しましょう。

（事例２）申出人が、被相続人の兄弟姉妹だった場合
　（ⅰ）申出人が被相続人の兄弟姉妹であることがわかる戸籍
　（ⅱ－１）被相続人に子がないことがわかる戸籍（被相続人の出生から死亡までの全ての戸籍）
　（ⅱ－２）被相続人に子がいたものの、その子が被相続人の死亡前に死亡している場合
　　その子に子がないことがわかる戸籍（その子の出生から死亡までの全ての戸籍）
　（ⅲ）被相続人の死亡前に被相続人の直系尊属（父母、祖父母等）が死亡していることがわかる戸籍
　（ⅳ）被相続人の死亡した日以後に発行された申出人の戸籍
　上記の戸籍が重複する場合、同じものを複数添付する必要はありません。

（事例３）数次相続が発生している場合

　（所有者（A）の死亡により、その子B（第一次相続人）が所有権を取得。その後、Bの死亡によりその子C（第二次相続人）がその所有権を取得。Cが相続人申告登記の申出を行う場合）

　　（ⅰ）被相続人Aの死亡した日がわかる戸籍

　　（ⅱ）Bが被相続人Aの子であることがわかる戸籍

　　（ⅲ）Bの死亡した日がわかる戸籍

　　（ⅳ）CがBの子であることがわかる戸籍

　　（ⅴ）Bの死亡した日以後に発行されたCの戸籍

　上記の戸籍が重複する場合、同じものを複数添付する必要はありません。

・法定相続情報一覧図の写しを提出する、もしくは、法定相続情報番号（法定相続情報一覧図の写しの右上に記載された番号）を申出書に記載することで、これらの戸籍の添付が省略できます。

・被相続人の登記記録上の住所と被相続人の戸籍に記載された本籍が異なる場合、被相続人の同一性を証明する情報が必要とされています。具体的には、被相続人の住民票除票の写し（本籍地の記載があるもの）や戸籍の附票を提出することになります（74ページ参照）。

・先順位の相続人が相続放棄をしたことにより次順位の相続人が申出をする場合は、相続放棄申述受理証明書の添付が必要になります。

②　申出人の住所を証する情報

　具体的には住民票の写し等が該当します。ただし、申出書に「申出人の氏名のふりがな」と「申出人の生年月日」を記載することによって、住所を証する情報の添付を省略することができます。（※）

　また、数次相続の場合、中間の相続人についても、住所を証する情

報の添付が必要とされています。ただし、中間の相続人の住所は、中間相続人の最後の本籍をその住所に代えて申請することができ、この場合には、①の戸籍の添付で足ります。

※省略が可能とされているのは、登記官が「申出人の氏名ふりがな」「申出人の生年月日」の情報を用いて、住民基本台帳ネットワーク（いわゆる住基ネット）に照会を行うことで、住基ネットから提供された住所と申出書に書かれた住所が一致するか確認することができるためです。国内に住所のない人は住基ネットで照会することができませんから、住所を証明する書類の添付を省略することはできません（日本国籍の方であれば、在外公館が発行する在留証明書等、外国籍の方であれば、居住国の政府等が作成した住民票の写しに相当する書面等の添付が必要です。）。

③　委任状
　相続人のうちの1人が他の相続人の分も代理して申請する場合には、委任状が必要です。作成者の押印は不要です。

※相続関係説明図
　上記の申出人が登記名義人の相続人であることを証する戸籍を原本還付してほしい場合、それらのコピーを添付する必要がありますが、相続登記の申請と同様に、相続関係説明図を作成・添付することで、その代わりとすることができます（73ページ参照）。
　相続登記の申請と異なり、被相続人と申出人との関係が明らかになるように記載されていれば、相続人全員を明らかにするものである必要はありません。また、相続関係説明図に住所を記載することで、住民票を原本還付するために必要とされる住民票のコピーの添付も省略

できます。

※原本還付する書類や完了通知を送付により受け取りたい場合、返信用封筒（書留郵便の料金分の切手を貼付したもの）を提出します（78ページ参照）。

相続人申告登記は相続登記手続と比べれば簡易にはなっているものの、手間もそれなりにかかります。結局は手続の先送りに過ぎないため、実務上は最初から相続登記手続をする人が多い印象です。

⑹　申出書の書き方

相続人申出書

申出の目的　　相続人申告

甲野太郎の相続人　※1

　　相続開始年月日　平成●年●月●日　※2

　　※3
　　（申出人）　○○県○○市○○町…
　　　　　　　　甲野花子
　　　　　　　　（氏名ふりがな　こうの　はなこ）
　　　　　　　　（生年月日　昭和●年●月●日）　　※4
　　　　　　　　連絡先の電話番号　○○○-○○○-○○○○　※5

添付情報　※6
　　申出人が登記名義人の相続人であることを証する情報
　　住所証明情報
　　代理権限証明情報

令和●年●月●日申出　※7　　○○法務局○○支局　※8

不動産の表示　※9

　　不動産番号　　１２３４５６７８９０１２３　※10
　　所　　　在　　○○市○○町●丁目
　　地　　　番　　●番

　　不動産番号　　２３４５６７８９０１２３４　※10
　　所　　　在　　○○市○○町●丁目●番地
　　家 屋 番 号　　●番

第3章　ゴールに向かって進め‼　　**137**

※1　被相続人（不動産の所有権登記名義人）の氏名

※2　被相続人（不動産の所有権登記名義人）の死亡日（戸籍に記載の死亡日）

※3　申出人の住所・氏名　住民票に記載のとおり正確に記載

※4　住民票上の申出人の氏名のふりがな・生年月日を記載することによって、住所を証する情報の添付を省略することが可能

※5　申出人（または代理人）の電話番号（平日の日中に連絡が取れる番号）

※6　添付情報の表示

※7　申出の年月日

※8　申請する法務局の表示

※9　申出に係る不動産の表示　登記記録に記載のとおり正確に記載（82ページ参照）

※10　不動産番号を記載することによって、不動産の所在事項（土地の場合は所在・地番、建物の場合は所在・家屋番号）の記載を省略することが可能

※申出書が複数になった場合には、各用紙のページ数と総ページ数を記載する。

　例）申出書が2枚になった場合

　　　1ページ目に「1／2」、2ページ目に「2／2」と記載

〈数次相続が発生している場合〉（137ページの作成例で、甲野花子ら第一次相続人が所有権を取得した後、甲野花子の死亡によりその子甲野加奈ら第二次相続人がその所有権を取得した場合）

相続人申出書

申出の目的　　相続人申告

甲野太郎の相続人

　相続開始年月日　平成●年●月●日

　　　　　　　○○県○○市○○町…
　　　　　　　甲野花子

甲野花子の相続人

　相続開始年月日　令和●年●月●日

　（申出人）　○○県○○市○○町…
　　　　　　　甲野加奈
　　　　　　　（氏名ふりがな　こうの　かな）
　　　　　　　（生年月日　平成●年●月●日）
　　　　　　　連絡先の電話番号　○○○-○○○-○○○○

添付情報
　第一次相続人が登記名義人の相続人であることを証する情報
　第一次相続人の住所証明情報
　申出人が第一次相続人の相続人であることを証する情報
　申出人の住所証明情報
　代理権限証明情報

　（以下省略。137ページ参照）

第3章　ゴールに向かって進め!!　　**139**

このように、第一次相続人（中間相続人）についての情報（第一次相続人の氏名・最後の住所、第一次相続人の死亡日等）も追加して記載する必要があります。

　ただし、既に他の相続人が相続人申告登記を申請していて、その際に第一次相続人についての事項が登記簿に記載されていれば、その情報は記載する必要はありません。

(7)　申出方法

　申出は、申出書と添付書類を管轄法務局の窓口に持参する、もしくは、管轄法務局に郵送することにより行います。

　郵送の場合は、封筒の表面に、相続人申出書または相続人申出等添付書面が在中する旨を明記します。書留郵便またはレターパックプラスを利用しましょう。

(8)　職権登記完了通知の受取り

　相続人申告登記が完了すると、法務局が交付する職権登記が完了した旨の通知（書面）を受け取ることができるようになります。窓口で直接受け取るか、郵送で受け取るかを選ぶことができ、郵送を選ぶ場合は、その旨と送付先の住所を申出書に記載しておく必要があります。

　受け取ることができる期間は、登記が完了してから3か月以内です。
※複数の相続人で申し出た場合には、そのうちの一人に通知されます。
※Webから申し出た場合は、143ページを参照してください。

完了通知の見本

申　出　に　基　づ　く　職　権　登　記　完　了　通　知
次の申出に基づく職権登記が完了したことを通知します。

申出受付年月日	令和6年5月●日	
申出受付番号	第○○○○号	
登記の目的	相続人申告	
不動産	建物	名古屋市●●区●●町　●番地 家屋番号　●番地の●

以上

（以下省略）

第3章　ゴールに向かって進め!!　　**141**

⑼ 相続人申告登記完了後の登記事項証明書のイメージ

（わかりやすくするため、記載事項を省略・変更しています）

●●県●●市●●町●● 1 － 1				全部事項証明書 （建物）	
表題部（主である建物の表示）		調整	平成●年●月●日	不動産番号	●●●●●●●
所在図番号	余 白				
所　　　在	○○市○○町　●丁目●番地			余　白	
家屋番号	●番			余　白	
①　種　類	②　構　造		③　床　面　積　㎡		原因及びその日付〔登記の日付〕
居宅	木造かわらぶき平家建		●●	●●	昭和●年●月●日新築〔昭和●●年●月●日〕
所　有　者	名古屋市●●区●●町●番地の●　甲　野　太　郎				

権利部（甲区）　（所有権に関する事項）			
順位番号	登記の目的	受付年月日・受付番号	権利者その他の事項
1	所有権保存	昭和●年●月●日第●●●●●号	所有者　名古屋市●●区●●町●番地の●　甲　野　太　郎
付記1号	相続人申告	令和6年5月●日第●●●●●号	原因　令和6年5月●日申出　相続開始年月日　平成●年●月●日　甲野太郎の相続人として申出があった者　　○○県○○市○○町●番地の●　甲　野　花　子

（以下省略）

⑽　Webで申請する場合

　相続人の申出は、Webブラウザからの手続が可能となるサービス「かんたん登記申請」を利用して行います。専用のソフトウェアをパソコンにインストールする必要がなく、インターネット環境のあるパソコンから利用できる便利なサービスです。

「かんたん登記申請」による申出の手順
https://www.touki-kyoutaku-online.moj.go.jp/mtouki/

　基本的に、画面上に表示される問に回答していく形で申出書を作成します。
①　利用場面の選択
　「相続人申告登記」を選択します。
②　事前準備
　パソコン環境の準備（利用環境の確認やブラウザの設定）、申請者情報の登録（ユーザー登録）や必要書類の準備を行います。申出に必要な書類は、書面で申し出る場合と同じです（132ページ参照）。
③　申請情報入力
　画面の案内に従って、申出人や被相続人の情報等を入力します。
　※相続人申告登記の申請では、電子署名の必要はありません。
④　送信
　作成した申出書の送信を行います。申出書の送信後は、「処理状況の確認」から処理状況の確認や申請の取下げ等の手続ができるようになります。
⑤　書類の提出
　「処理状況の確認」ページで、「書面により提出した添付情報の内訳

表」を印刷し、添付書類一式とともに、申請先の法務局に持参または郵送します。

※郵送する場合は、書留郵便またはレターパックプラスを利用しましょう。

書面により提出した添付情報の内訳表

登記所の表示	東京法務局	
申請の受付の年月日	令和6年2月5日	
受付番号	第1234号	
書面により提出した 添付情報の表示	相続人であることを証する情報 住所証明情報 代理権限証明情報	
申請人又は代理人の氏名又は名称（申請人 又は代理人が法人であるときはその代表者 の氏名を含む。）及び電話番号その他の連 絡先	甲野太郎 電話番号その他の連絡先　　　000－0000－0000	印

《法務局使用欄》

	1	2	3	4	5	6	7	8	9	10	計　　通
登識通数											

登記識別情報通知書 通知の方法	□ オンライン通知 □ 窓口通知 □ 送付通知			復　代　理　　　　　　有　・　無
		送付先	□ 資格者代理人の事務所 □ その他 （　　　　　　　　　　　　　　　　）	
添付書類の原本還付 有　・　無	□ 窓口還付 □ 送付還付	送付先	□ 登記識別情報通知書と併せて送付 □ 資格者代理人の事務所 □ その他 （　　　　　　　　　　　　　　　　）	
その他 （返却書類等）				

令和　年　月　日受付　　　　受付第　　号　～　　受付第　　号　　　　連件

⑥　完了通知の受取り

「処理状況の確認」ページで、審査・手続の完了が確認できたら、職権登記完了通知を受け取りましょう。オンラインによる交付を希望した場合は、「処理状況の確認」のページで「公文書ダウンロード」をして取得します。ダウンロードできる期限は30日です。法務局で交付を希望した場合は、申請先の法務局で受け取ります。

⑪　相続人申告登記の変更・更正

所有者不明土地の発生防止につなげる趣旨から、申告した内容に変更や誤り等があった場合、申出人は、申告登記の内容の変更または更

正を申し出ることが可能とされています。

　相続人申告登記の申出後に申告した内容に変更が生じた場合には「変更」を、申告をしたときからその内容に誤りや漏れがあった場合には「更正」を申し出ます。

⑿　相続人申告登記の抹消

　相続人申告登記の抹消の申出は、下記の場合にすることができます。

①申告後に申出人が相続放棄をしたとき

②民法891条に規定されている「相続人の欠格事由」に該当し、その相続権を失ったとき

③廃除によってその相続権を失ったとき

　変更・更正、抹消のいずれも、相続人申告登記の申出と同様に、登録免許税や手数料は不要です。ただし、相続人申告登記の申出とは異なり、Webブラウザで手続することはできません。オンライン申請をすることはできますが、専用のソフトの準備が必要になります。

第4章

タフなコースには要注意‼ ～難易度の高い相続登記

1 大変な相続登記のパターンと事前対処

　「音信不通の兄弟が……」「会ったこともない親戚が何人もいる……」「寝たきりの高齢者がいて……」と、それぞれの相続ごとに難しい課題を抱えていることは、よくあることです。この節では相続登記のイレギュラーなパターンを詳しく解説します。

⑴ 住所・氏名がつながらない相続登記　☞難易度 ★★

　法務局に備え置かれる登記簿には、それぞれの不動産の所有者が名前と住所で特定され、わかるように公示（記載）されています。亡くなった人が生前に引越等をして、住民票を異動させていたにもかかわらず、登記上の住所の変更をしていなかった場合は、本人の特定として不十分な状態です。これは結婚や養子縁組で姓が変わったものの、氏名の変更の登記をしていなかった場合も同じです。

　亡くなった方であっても住所や氏名がつながらない（経緯がわからない）と、その方が不動産の所有者であるかどうかがわからないため、亡くなった人の住所や氏名が、登記簿に載っている人と同じであることを証明（住民票等で登記簿上の住所と本来の最後の住所がつながる書面を提供）した上で相続手続を進める必要があります。

> **POINT**　所有者の生存しているケースと異なり「所有権登記名義人住所変更登記」や「所有権登記名義人氏名変更登記」まで行う必要はありません。

氏名の変更については、原則、相続登記の際に出生から死亡までの戸籍等を添付することが多いため、改めて資料を添付することは少ないでしょう。

　複数回住所変更をしている場合は、戸籍の附票を取得して添付するのが便利です。
　戸籍の附票とは、現在の戸籍(本籍)にその方の住所の移動の履歴を表示したもので、市区町村役場で戸籍と一緒に管理されています。

　一般的に住民票と呼ばれるものの中でも、転出や死亡などで除かれた住民票を「除票」といいます。住民基本台帳法施行令が一部改正(令和元年6月20日施行)されたことにより、保存期間が延びましたが、以前は保存期間が5年であったため、破棄されていて発行してもらえないこともあります。その場合は、相続人らの申述書や不在籍不在住証明、亡くなった方の権利証等を添付して対応することもあります。

(2) 認知症等の相続人がいる

☞難易度 ★★★

① 成年後見制度

認知症や疾病によって、意思能力[1]がなくなった方が相続人に1人でもいる場合は、遺産分割協議をして手続を進めることができません。親族等が代筆して、押印する等の対応で書類の見た目を整えることができたとしても、それは有効な手続にはなりません。

そこで利用することになるのが、「成年後見制度[2]」です。

成年後見制度は、その方の代わりに手続等を行う、また、本人の財産処分を制限する、法律で定められた制度です。当事者の意思能力（判断能力）の状況により、以下のように3パターン存在し、対応する内容が異なります。

	成年被後見人	被保佐人	被補助人
本人の状態	事理弁識能力[3]がない	事理弁識能力が著しく不十分	事理弁識能力が不十分
代理権	○	○（あらかじめ裁判所に権限を与えられれば）	○（あらかじめ裁判所に権限を与えられれば）
同意権	本人が手続ができないので、同意の概念はない	法律に定められた手続の同意権が与えられる	○（あらかじめ裁判所に権限を与えられれば）

② 成年後見制度の申立て準備にかかる期間・審判までの時間

成年後見制度の申立て準備には、通常1～2か月かかります。申立

---

[1] 自分の行動（決めたこと）が、どういう結果になるかを理解した上で、判断することができる能力

[2] 公益社団法人リーガルサポートHP「成年後見制度ってなに？」
https://legal-support.or.jp/general/support/registration/

[3] 厳密には分けて考えるべき概念ですが、本書では「判断能力」≒「意思能力」≒「事理弁識能力」として、解説します。民法上、意思能力のない者がした法律行為は、無効なものとして扱われます。

てから審判が確定するまでの全体の期間は、本人の状況や裁判所の処理状況によって異なり、およそ2〜4か月程度かかることが多いでしょう。

③　成年後見制度の準備〜審判までの具体的な流れ

❶　申立書類の準備：裁判所へ提出が必要な書類を揃える

❷　家庭裁判所への申立て：裁判所へ書類を提出し、面接の予約

❸　面接・調査：申立人や後見人・保佐人・補助人（以下、「後見人等」という。）候補者の面接、親族への意向照会、本人との面接、精神鑑定

❹　審判：後見人等の選任が決定

❺　審判確定：審判が確定し、後見人等が正式に就任

④　成年後見制度の申立て費用等

　成年後見人の申立てにかかるおおよその費用等は、以下のとおりです。

申立手数料	収入印紙代として800円
後見登記手数料	収入印紙代として2,600円
郵便切手代	4,000円弱（裁判所によって異なる）
医師の診断書費用	数千円程度
戸籍謄本・住民票の発行手数料・登記されていないことの証明書	数百円〜数千円
鑑定費用	場合によって異なるが、必要な場合、数万円〜最大で20万円

第4章　タフなコースには要注意!!　　151

※司法書士や弁護士に申立ての代行を依頼する場合、約10万円～20万円の報酬等が必要になります。

なお、専門職の後見人が選任された後の報酬は、月額約1万円～5万円程度で、本人の財産額等に応じて裁判所が決定します。

　誰が成年後見人等になるかは裁判所が決めることになります。自身や家族が成年後見人になりたい旨（後見報酬を無料で対応したい旨）を伝えることは可能ですが、必ず希望が通るわけではないので注意が必要です。財産額が多い場合や、家族間で争っている場合は専門職後見人が選任される可能性が高いのが現状です。

　専門家が後見人として付いた場合、本人の財産に応じて、毎月の報酬（維持費）の支払いが必要になります。また、今回の遺産分割協議が終わったとしても、成年後見人が退任して後見制度の利用が終わるわけではない（任意に終了できるものではない）点に注意が必要です。

(3) 連絡が取れない相続人がいる　☞難易度 ★★★

連絡が取れなければ遺産分割協議ができません。以下のとおり、［対応案］を検討してみましょう。

・連絡先（電話番号やメールアドレス）がわからない

〔対応案〕周りの親族・職場・共通の知人等に連絡先を知っている人がいないか確認してみましょう。

・住所だけわかる

〔対応案〕NTTが提供する104番号案内サービス（2026年3月31日で終了予定）の利用や古いタウンページ（電話帳）から電話番号を調べます。

　　しかし、最近は固定電話に出ない方も多いため、手紙（書留形式で受取りが確認できるようにしましょう。ただし、逆に警戒されて受け取ってもらえない場合は、普通郵便での発送も検討します。）を出す、直接訪問するなどの方法も検討しましょう（訪問する場合は、突然のことですから、節度を持って、相手の都合や状況に配慮するのは当然です。）。

・正確な住所がわからない（何となく住んでいる地域は知っている。）

〔対応案〕住宅地図等を入手し、確認してみましょう。ただし、住宅地図はあくまで家の表札に基づいた記載なので、必ずしも正確とは言えません。また、マンションやアパートだと把握できないことも多いでしょう。住宅地図は必要な地域だけであれば、ネット配信サービスやコンビニなどでのプリントサービスもあるので活用します。

・名前と生年月日しかわからない

〔対応案〕連絡が取れない方との関係が、直系（親や子ども）ならば、戸籍と戸籍の附票の取得等により、住所が判明することもあります（ただし、住所変更届をせず、居所（実際に住んでいる場所）を変えている場合は極めて困難になる場合も多いです。）。

・生死すらわからない

〔対応案〕相続人であれば、相続登記手続の際に戸籍を取得するので、その点は解決するでしょう。

第4章　タフなコースには要注意!!　**153**

・国内におらず、現地の情報がわからない

〔対応案〕外務省の情報提供という手段があるが、かなり難易度が高い。専門家に依頼を検討しましょう。

(4) 代襲相続、数次相続で相続人が何十人もいる ☞難易度 ★★★

　そもそも相続人になる方が先に亡くなっていて、次の代に相続する権利が分散化している場合があります（代襲相続）。また、相続が起こった後、その相続登記手続を行う前に相続人となる人が亡くなって、さらに相続登記の当事者が増えていくこともあります（数次相続）。多くの当事者に連絡することも大変ではありますが、それ以上に意見や足並みをそろえることが大変になります（亡くなった方と音信不通だった方が権利主張をすることは、よくあります。その方の生活状況や考え方もあります。また、一部の相続人だけ優遇することで、不公平が生まれ、まとまりかけた遺産分割の内容が崩れて、当初の想定通りにいかなくなることもよくあります。）。

　さらに、昨今は、相続財産を引き継ぐ相続人自体の高齢化が進んでおり、意思能力を喪失しているという事態も非常に多い印象です。成年後見制度の利用（詳細は150ページ参照）等の対応も可能ですが、今回の相続登記の遺産分割協議のためだけに成年後見を提案しにくいケース（遺産分割協議が終わった後も、成年後見人の業務は続くため、その後の裁判所への報告等の手間や維持費の支払いも継続してしまうので現実的には提案しにくい。）も多々あります。

現実的な対応として、その判断能力を失っている方が亡くなるまで、登記手続を待って(放置して)いるケースも散見されますが、その間に、さらに他の相続人が亡くなる、または、判断能力を失う人が出てくるなどのリスクがあります。
　そうならないためにも、相続登記は、できるうちに、早めに対応しておいたほうが良いと専門家として感じています。

　将来相続する予定の人で判断能力を喪失している方(低下しつつある方)がいる場合は、その周りの家族は、ご自身の遺言書を作成しておくなど、手続がスムーズにいくよう、家族のため、将来の安心のために、事前に準備して、対策しておくことを、強くお勧めしています。

コラム

☞難易度 ★

法定相続情報証明制度とは

　「被相続人と相続人を特定できる戸除籍謄本等の束」と「法定相続情報一覧図（相続関係を一覧に表した図）」を法務局に提出することで、登記官の認証文が付された「法定相続情報一覧図の写し」を交付してもらえる制度です。その後の相続手続において、戸除籍謄本等の束を提出する代わりにこの一覧図の写しを提出することによって、法定相続人が誰なのかを証明できる便利な制度です。

　法定相続情報一覧図の写しは、必要な数だけ交付請求できます（一度に請求できる枚数には制限がある場合があります。）から、複数の手続を同時に進めることが可能となり、相続手続全般における負担・時間が軽減されます。また、提出先における戸籍内容の確認やその写しを取る時間が削減されるというメリットもあります。そのため、特に以下のような場面でその利用を検討するとよいでしょう。

①亡くなった人が所有する不動産が複数あり、それらが各地に所在する場合

　本来であれば、各不動産の所在地を管轄するそれぞれの法務局に相続登記を申請するたびに、戸除籍謄本等の原本の束を提出する必要があります。しかし、この制度を利用すると、それらの代わりに法定相続情報一覧図の写しを提出すればよいことになります。

②亡くなった人が資産を複数の金融機関に持っている場合・税務署等役所の手続が複数ある場合

　法定相続情報一覧図が役立つ場面は、相続登記手続だけではありません。金融機関における預金等の相続手続や、法務局以外の役所の手続（相続税の申告手続、年金に関する手続など）にも利用できるなど、その活用範囲は広がっています。

なお、多くの金融機関でその利用が可能となっていますが、一部対応していない場合もありますので、あらかじめ問い合わせするようにしましょう。

　さらに、令和6年4月1日から、不動産登記申請において、申請書の添付情報を記載する欄に法定相続情報番号（法定相続情報一覧図の写しの右上に記載されている番号。この番号によって特定が可能となります。）を記載することで、法定相続情報一覧図の写しの添付を省略できる制度も始まりました。

　なお、法定相続情報証明制度は、必ずしも申し出をした当日に一覧図の写しが交付されるわけではありません。時期や法務局により異なりますが、おおむね1週間ほどかかります。

　また、法務局に保存される期間は、申し出た日の翌年から起算して5年間です。保存期間内であれば何度でも、最初に申出をした人からの申出により再交付してもらえます。

※法定相続情報一覧図の写しは無料です。

法定相続情報証明制度の利用方法
https://houmukyoku.moj.go.jp/homu/content/001394034.pdf

2 スムーズな相続登記にむけて
～相続発生前の好ましい事前対策

この節では相続が発生する「前」に、あらかじめ準備しておくと、将来の手続が楽になる対応を説明したいと思います。

下記以外の手段として、不動産を生前に処分（生前贈与や売却）するのも方法の1つです。その際は税金の事情が大きく変わってきますので、専門家に相談するなど、注意して対応しましょう。

⑴ 遺言書での事前準備　　☞難易度 ★★

相続登記の際に、遺言書の有無によって、その手続や対応が変わってきます。相続する財産の割合が法定相続分と同じであっても、遺言書がなければ困るケース、遺言執行者がいたほうがよいケースがあります。例えば、遺産分割協議書が相続人全員で作れない状況では、遺言書がないと相続手続が全て止まってしまうことがあります。また、相続登記とは直接的には関係ありませんが、遺言書があると亡くなった方の金融機関の口座解約等もスムーズになります。遺言書の作成が非常に大切な準備になることもあるのです。

① 自筆証書遺言書

自筆証書遺言とは、遺言者が遺言書の全文、日付、および氏名を自筆で書いて、押印して作成する遺言書です。いつでも自分のタイミングで作成でき、手数料等がかからないので、簡単に作成できるというメリットがあります。ただし、正しく書けていないために無効になる、保管は個人でしなければならない（紛失してしまうリスクもある。）等のデメリットもあります。

また、自筆証書遺言では相続登記申請で使用する前に、裁判所での検認手続[※4]を経ることが必要であるため、相続後に時間的、費用的な負担がかかってくる点は留意していただきたいポイントです。

　自筆証書遺言保管制度という仕組みがあり、手続をすれば、遺言者が自筆で作成した遺言書を法務局で安全に保管してもらうことができます。これにより、遺言書の紛失や改ざんを防ぎ、相続手続を円滑に進めることができます。また、法務局で保管された遺言書は家庭裁判所での検認が不要です。費用も3,900円（令和7年2月現在）で、廉価で利用しやすいものの、遺言者がかなり高齢である場合は、自身一人で対応していくには少しハードルが高いかもしれません。

② 公正証書遺言
　公正証書遺言は、公証人が作成する遺言書で、信頼性が高く無効化のリスクが極めて少ない遺言書です。作成には2人以上の証人の立会いが必要で、公証役場で原本が保管され、正本と謄本が発行されます。
　メリットは、公証人が遺言者の意思を確認し、内容を文書化しますので、文案作成に苦慮せずスムーズに作成ができることです。遺言者は内容を確認し、署名・押印するだけですので、普段文章を書かない方や高齢の方でも取組みやすいでしょう。なお、足が不自由で公証役場に出向けない、入院中で外出できない等の事情がある場合は、公証人に病院や自宅へ出張してもらい作成することも可能です（この場合

※4　検認手続とは、遺言書の存在や内容を相続人に知らせ、遺言書の形状や内容を確認して、偽造等を防止するための家庭裁判所で行われる手続です。

第4章　タフなコースには要注意!!

は出張費用が加算されます。)。また、公正証書遺言は、遺言の紛失や偽造を防ぐことができますし、家庭裁判所の検認手続も不要です。もし紛失しても再発行の対応をしてもらえます。

デメリットは、作成には費用がかかり、証人の手配が必要なことです。証人の手配については、費用の支払いは伴いますが、法律職専門家等にお願いすることが一般的で、公証役場で手配のお願いをすれば対応してくれることも多いでしょう。

公正証書遺言は、遺言者の意思を確実に反映し、相続手続を円滑に進めるための非常に有効な手段になります。

【手続の流れ】

| ① 遺言の内容を自分で整理（誰に何を引き継がせるか、遺言執行者を誰にするか等） |

| ② 必要書類の準備（戸籍や住民票、不動産の評価証明書、登記簿・通帳コピーなどの相続の対象財産を特定できるもの、本人確認のための免許証や印鑑証明書等） |

| ③ 公証役場の予約と打合せ、証人の手配 |

| ④ 作成する公正証書遺言の内容チェックおよび確認 |

| ⑤ 公証役場に訪問して作成（効力の発生　原本は公証役場で保管） |

司法書士や弁護士、税理士、行政書士などの専門家に遺言書作成の相談・依頼するメリットは、必要書類の収集や公証役場とのやりとりを代わりにやってもらえることだけではありません。その方の相続で対象となる財産の状況などを勘案した上で、紛争が起きにくい将来設計や遺留分、二次相続、税金等についても一緒に検討し、より具体的なアドバイスがもらえる等のメリットもあります。

【費用】

　公証役場の手数料は公証人手数料令という政令で法定されています[※5]。相続する人ごとの相続財産の価額によって計算されることになりますが、筆者の経験的には5万円〜15万円ほどの金額になる方が多い印象です。

　専門家に依頼した場合に支払う手数料（報酬）は財産の内容や額、検討・対応をお願いする内容、専門家の業種ごとに大きく幅があるようですので、依頼前に確認することをお勧めします。

　「秘密証書遺言」という方法もありますが、かなり例外的な方法ですので、本書では説明を省略します。

(2)　成年後見制度、任意後見制度　☞難易度 ★★

　相続登記手続では、2つの意味で相続人の判断能力（意思能力）が必要になります。

※5　Q7.公正証書遺言の作成手数料は、どれくらいですか？（日本公証人連合会HP）
　　https://www.koshonin.gr.jp/notary/ow02/2-q13

① **本人が遺産分割協議の内容を理解し、遺産分割協議書に実印で押印する必要がある**（できれば、将来の紛争予防のためにも署名もあわせて行う。）。

→本人がすべきことであって、代わりに（法律上の正しい権限のない）誰かがすれば良いわけではありません。他人には本人が書いたかどうかはわからないといって、親族が形式だけ整えて押印し、代筆したとしても、意思能力のない方の遺産分割協議は有効にはなりません。また、実印で押印するため、印鑑証明書の添付が必要になります。市区町村役場等で取得することになりますが、印鑑カード（登録証）があれば、代わりの方が代理で受け取りに行くことは可能です。

② **相続によって不動産の名義をもらう人である場合は、登記申請またはその委任をする必要がある**（委任状への押印も委任行為であり、契約行為なので、判断能力（意思能力）は必要です。）。

→不動産の登記手続においては、登記申請人は名義をもらう方が当事者になります。判断能力（意思能力）のない方自身は登記申請の手続は行えないでしょうし、また、専門家へ依頼するにしても、委任契約をすることができないため、代わりにやってもらうこともできません。

とはいえ、判断能力を失ってしまった場合、完全に手続の道が閉ざされているわけではありません。方法として、以下の２つのパターンがあります。

・判断能力が衰えてから利用する「**成年後見制度**」
・将来の判断能力が衰えた時に備える「**任意後見制度**」

「成年後見制度」については、150ページを参照ください。

【「任意後見制度」とは】

　任意後見制度は、将来のために、自分のために支援してくれる人や支援内容を自分であらかじめ決めることができる制度です。既に判断能力が不十分な方が利用することになる成年後見制度（法定後見制度）とは異なり、現時点では、本人の判断能力に問題はないけれども、将来の不安に備えたい方が利用できる制度です。

　利用には事前に公証役場で任意後見契約をしておく必要があります。その上で、実際に判断能力が低下・喪失した場合に、裁判所に任意後見監督人を選任してもらうことで、任意後見人がその業務をスタートします。任意後見契約の費用を除いて、業務のスタートまでは費用はかかりませんが、効力の発生後は任意後見監督人の費用が毎月1万円～3万円程度（財産の額や内容によって異なり、裁判所がその費用を決定します。）かかることになります。一方で任意後見人自体の報酬は契約で定めることができるため、家族が受任する場合は、その報酬を0とすることも可能です。そのため長期に制度利用する場合は特に、成年後見制度より維持費を抑えることが可能とも言えます。

　任意後見制度は成年後見制度と違い、ご自身が選んだ家族等を任意後見人にすることができます。成年後見人が裁判所から決められて、家族が就任できない可能性があることと、任意後見制度のほうがよりご本人の要望が叶えられる可能性が高いことなどを理由に、こちらの制度を利用したいという需要があります。ただし、ご本人が判断能力を失った後に任意後見制度を選択はできませんから、元気なうちにあらかじめ公正証書でその契約を準備しておく必要がある点に注意しましょう。

(3) 民事信託(家族信託)の活用　　　　☞難易度 ★★★★

　最近では認知症対策や承継対策として、「民事信託」を活用することも増えてきました。イメージとしては、高齢な親が子ども等に自身の財産の一部を託して(任せて)、管理・運用・処分してもらい、親のために財産を使ってもらう仕組みです。家族に信託するという意味で、「家族信託」と呼ばれることも多い手続です。投資信託などの証券会社や信託銀行の金融商品と勘違いされがちですが、全く別の法律手続です。

　主にお金や不動産、株式などの有価証券を高齢の親に代わって家族が扱えることは、家族全体としての安心につながります。また、不動産の名義も信託した段階で託された子ども等の名義に変わりますので、将来相続が起こった場合でも、相続登記ではなく、託された家族が信託目録の中身の変更(受益者変更登記)を行うことになります。

　筆者の事務所でもケースによって、相続の発生前、認知症等の判断能力低下前に行う対策として、家族信託を積極的に活用しています。遺言では対応できなかった生前の対応、財産の変化に応じた柔軟な対応、承継先をあらかじめ連続するルール設定を行うことなどができるため、そのニーズは非常に高いと感じています。

第5章

スタート前のリサーチは大事 〜相続登記と専門家の選び方・費用

1 相続登記が自分ではやりきれない場合

☞難易度 ★

　本書はご自身で相続登記手続をやりきることを目的にしています。しかし、どうしても自分ではやりきれないケースも出てくるでしょう。

　その場合は、相続登記手続を専門家にバトンタッチして、不動産の名義変更を行っていく必要があります。

「自分でやってみようと挑戦してみたけど、途中で挫折した……」というのは、決して恥ずかしいことではありません。相続登記の難易度は、相続の状況、手続しようとする人の環境によって大きく異なります。放置しないことが最も重要です。

　不動産の売買や担保権の設定・変更など、次の手続が差し迫っていて、急いで相続登記手続をする必要のある方は、期限を守ることが必須になるため、専門家に依頼する選択肢も検討しましょう。

2 相続登記の専門家とは

⑴ 不動産の名義変更の専門家は「司法書士」

不動産登記に関して、法務局に書類提出・登記申請の代理を業務として行うことができる専門家は「司法書士」または「弁護士」に限られています。なお、登記手続を専門にする「弁護士」は極めて稀ですので、「司法書士」がほぼその業務分野を担っています。

「司法書士」の業務分野は相続登記に限らず、不動産売買や贈与、担保権の設定に関する登記や、会社の設立や役員の変更に関する登記、成年後見・任意後見、財産管理業務・民事信託・遺言、債務整理などの簡易裁判所での裁判業務等と幅広く存在します。その中でも、相続登記は「司法書士」の専門分野かつ得意分野と言える業務の一つと言えます。むしろ、相続登記業務を行わない「司法書士」はほとんどいないと言えるでしょう。

司法書士と名称が似ているため、混同されやすいですが、「行政書士」は法律上、相続登記申請を行うことはできません。「行政書士」は「司法書士」と同じく戸籍収集や遺産分割協議書の作成支援を行いますが、不動産の名義変更を依頼する場合は「司法書士・弁護士」に依頼する必要があります。

また、相続する財産に不動産がある場合で、「税理士」に相続税申告を依頼することも多いでしょう。「税理士」も法律上、不動産の名義変更登記の代理をすることはできません。それぞれの手続に合った専門家に依頼して、安心して目的を達成しましょう。

⑵ 司法書士に相続登記を依頼するメリット

① 専門家に相談すると、自分の見落としているミスや漏れに気が付ける。より良い方法の提案やアドバイスをもらえる。

第5章　スタート前のリサーチは大事　**167**

② 相談すれば、不動産に限らず、金融機関の預金や証券会社の有価証券の手続も一緒に検討・遺産分割協議書に記載してもらえる。
③ 法定相続証明情報をついでに取得してもらえる。
→金融機関での手続がスムーズに行える相談や準備ができる。
④ 換価分割（不動産などを売却した上で、経費や税金を引いて、残りを相続人に現金で分ける）などの複雑な手続もスムーズに案内してもらえる。

相続人の持分の定め方や、将来の方向性に沿った相続登記手続になっているか、その判断は極めて重要で、後々の実費や税金の支払いにも大きく影響することもよくあります。

(3) 司法書士に依頼するか、弁護士に依頼するか

　この点については、相続で揉めていて、裁判手続が必要な状況であれば、「弁護士」に依頼すべきでしょう。逆に、そうでなく、事務でつまづいている、相続人が多く内容が煩雑で困っているケースは司法書士がその対応に向いていると思われます。

(4) 専門家の選び方、頼み方、探し方

　依頼者によって、①「価格の安いところ」、②「近いところ・実際に会って相談できるところ」、③「安心できるところ（気軽に相談できる等雰囲気の良いところ）」、④「仕事が早いところ」、⑤「経験やノウハウをたくさん有していて、難しい案件を受けてくれるところ」等々、いろいろな選び方があると思います。

　これらは、全て正解だと思います。ご自身において、何が重要かを

踏まえて検討していくのがよいでしょう。逆に、どの事務所も努力していると思いますが、全てを満たす事務所はなかなか見つからないかもしれません。依頼者が優先順位を決めて選ぶのがよいでしょう。

① 「価格が安いところ」
　「価格が安い＝ダメ（仕事が雑）」ではありませんし、「価格が高い＝サービスが良い」とも限りません。相続登記の結果だけを考えれば、登記簿の表示が相続人に変われば問題ないとの目的ならば、どんな司法書士でも、その最低限のゴールに導いてくれます。ただ、当然のことですが、「価格が安い」≒「その案件に費やす時間や人、コストは小さい」傾向はあるかと思います。もちろん事務所ごとの努力はあるでしょうし、薄利多売のような形態をとっているのかもしれません。ただ、対応する時間が不足すれば、依頼者が受けたいと思っていたサービスやケアが簡略化されてしまっているなど、ちょっと対応が雑だと感じることがあるかもしれません。個人的な感覚としては、非常に高価であり、大切な財産である不動産にそのような対応をされるのは、嬉しくありませんし、望まないところです。
　また、価格を基準にして事務所選びをする際に困るのが、各事務所の報酬がわかりにくい・比較しにくい、ということではないでしょうか。わかりにくさを生んでいる原因は、依頼される案件内容（不動産登記の状態、相続人の状況等）によって要する手間・時間が大きく異なってくるため、依頼前に明確な報酬を提示することが困難なことにあると考えられます。また、報酬に関する説明の詳しさの程度が、事務所ごとに違うことも影響しているでしょう。
　そのため、価格で選ぶということは、単純なようで、実はとても見極めが難しいものだと思います。本来、相続登記手続の報酬は、それほど価格に差が出ないものだと筆者は考えていますが、価格で選びた

いという場合には、このような事情もあることに留意して比較することをお勧めします。

② 「近いところ」がいいは、もちろん。ただ、徒歩圏である必要はない。

事務所によっては、遠方・県外も受け付けますと宣伝しているところもあります。これは、裏を返せば、ちゃんと会ってやり取りしてくれない、または、困ったときに来てくれないということでもあります（電話やZOOM等のオンラインでの相談対応もありますが、特にご高齢の方はなかなか慣れないので、やはり直接会って話すほうが理解は早く、安心できるものです。）。

たくさん不動産を持っていたり、県外に山林も所有していたりする場合に、その地域ごとに司法書士を分ける必要はほとんどありませんが、いざというときに会って説明してくれるというのは、想像以上に大切ですし、その司法書士の責任感の差を感じます。

なお、ご自身の地域の近くの司法書士は日本司法書士会連合会の「しほサーチ[※1]」を利用すると地図から簡単に検索することができます。

司法書士の業務は、依頼者本人に会って、ちゃんと本人確認するのが原則です。当然と言えば当然ですが、メールや電話だけで、会ったこともない他人様の不動産の名義を変えるのは、おかしいですよね。事情や例外はあるにしても、これは業界として、ちゃんとやっていくべきことなんだと考えています。

※1　日本司法書士会連合会　しほサーチ　https://souzoku.shiho-shoshi.or.jp/

> 今回の相続登記をきっかけに、専門家と会って、話をすることは、不安や心配を解決したり、気付きや対応のアイデアにできたりするチャンスだと思います。大切な不動産ですから、権利関係のメンテナンス、ちゃんとやっておきましょう！

③ 「安心できるところ」が当然かつ、一番大切。

専門家に会って、説明を聞いて、要望を伝えて、それで不安になってしまっては意味がありません。また、何か問題があり、対応すべきことがあるはずなのに、教えてくれなければ、それは専門家とはいえません。気軽に相談できる雰囲気を持った、自分の感覚に合った専門家は何より力になると思います。

④ 「早いところがいい」は、事務所によって差が出ることも

専門家に依頼すれば、本人が申請するより早く終わることを期待するのは当然のことかと思います。もちろん、法務局に申請してから、手続が完了するまでの時間は、どこでも同じだけかかります。しかし、申請するまでにかかる時間や、相続登記後の連絡や書類の返却対応は、事務所によって異なるでしょう。事務所の人員や繁忙、依頼される時期も影響します。

司法書士事務所で言えば、年末や年度末が繁忙になりやすいので、法務局の手続完了を含め、普段よりは時間がかかることが多いでしょう。とはいえ、どの司法書士事務所も、誠実に仕事をしており、遅延を起こさないように、できる限りの対応をしていると信じています。

⑤　経験やノウハウをたくさん有していて、難しい案件を受けてくれるところ

　自分ではやりきれないから専門家に依頼することを考えれば、事案が難しいケースを何とかして欲しいという期待があると思います。相続登記は司法書士が得意とする業務であるとはいえ、多くの相続人との連絡や将来の方向性を検討するなど、奥が深い分野でもあります。不動産の名義を変えるだけと思われがちですが、一つとして家族構成や不動産の状況が同じものはなく、その対応もそれぞれ異なります。レアケースや困難なケースも意外と多いものです。

　司法書士の相続の知識やノウハウに差はあるかもしれませんが、どの司法書士も業務の調査能力は非常に高くカバーするので、問題となるのは、担当者がその対応に割ける時間と業務量のキャパシティがどれほどあるのかだと考えています。ただし、海外からの書類の取り寄せや翻訳が必要となる案件については、事務所によって得手不得手はあるでしょう。

3 専門家への依頼から完了までの期間

　司法書士に相続登記を依頼すると手続にかかる期間は「**おおよそ1か月～2か月**」でしょう。ただし、事案によっては3か月～半年以上かかるケースも存在します。

| ① 相続登記申請までの書類準備（相続人の特定） |

　⬇ 2週間から2か月程度……※相続人の数や事案の複雑さによります

| ②遺産分割協議書作成と相続人からの署名押印の収集 |

　⬇ 2週間から2か月程度……普段から連絡を取っていない親族がいると時間がかかる傾向があります

| ③法務局へ相続登記の申請書提出 |

　⬇ （法務局での処理）1週間から1か月程度

| ④権利証（登記識別情報）や相続関係書類の返却 |

　相続登記をした後に、不動産売却による所有権移転を予定している場合などは、戸籍の調査や遺産分割協議書の押印集めに想定外の時間がかかり予定通りにいかないと、非常に困ってしまう（迷惑がかかる人たちが出てきてしまう）ことがあります。その場合は、余裕をもって依頼する、また、期限についてあらかじめ専門家に伝えて依頼しておくことも大切でしょう。

専門家の費用

　司法書士の報酬については平成15年までは報酬基準制度が存在しており、どの司法書士事務所に頼んでも同じ価格でしたが、現在は法改正により報酬は自由化されています。とはいえ、おおよその相場のようなものが存在します。もっとも、依頼内容は相続内容ごと、財産ごとで変わってきますので、一律にはなりえません。また、地域差もありますし、人件費等の高騰により10年前、20年前よりは全体的にかなり上昇しているので、過去とも比べにくいものです。

　なお、2024年3月に日本司法書士会連合会は報酬アンケート[※2]を実施しています。相続を原因とする土地1筆および建物1棟（固定資産評価額の合計1,000万円）の所有権移転登記手続の代理業務を受任し、戸籍謄本等5通の交付請求、登記原因証明情報（遺産分割協議書および相続関係説明図）の作成および登記申請の代理をした場合で、全国平均でおおよそ5万円から10万円くらいの報酬（登録免許税等の実費は含まない。）になっていることがわかります。5万円未満、15万円以上の回答も見受けられますが、実務上、筆者の周りでは聞き及ばない印象ですので、個人の方が実際に探すのは困難のように思います。あくまで筆者の感覚に過ぎませんが、令和に入ってから、昨今の物価上昇に伴って相場は上がっているようですので、（特に主要都市部では）7万円から12万円くらいが上記案件の実際の相場観のように感じています。

※2　日本司法書士会連合会　HP「司法書士の報酬」https://www.shiho-shoshi.or.jp/about/remuneration/

「相続を司法書士に依頼したら30万円くらいかかったよ」という知人の話は、今説明した報酬だけでなく、登録免許税を含んだ費用であったり、よほどいろいろな地域に不動産を持っていた、または相続自体が非常に複雑だった等の特殊な事情があった場合を指しているのかもしれません。

依頼の際には何をどこまでやってもらえるかを確認しましょう。本来受任する業務内容を説明するのは専門職の責任ですが、遠慮してわからないままで不安や不満が募るのはよくありません。戸籍などの書類収集についても、自身でとるのか、専門家に任せるのかで若干費用が変わるケースもあるでしょう。また、遺言があれば、遺産分割協議書の作成は不要になるので、報酬が変わってくる場合もあるかもしれません。

相続登記手続の見積りの難しいところは、業務依頼の段階で実費が確定できない点があります（例えば細かい点として、戸籍を何通取得するかなどで実費は変動します。）。また、受任後に調査したら、想定していない不動産が見つかったり、依頼後に相続の名義をつける人が変わったり、場合によっては戸籍調査により、会ったこともない新たな相続人が発見されたりすることも、一般の皆さんが想像する以上に多く、その場合、当然費用は変動するでしょう。

第5章　スタート前のリサーチは大事

おわりに

　本書を読み終えられた方であれば、相続登記申請の手続は、ただひな型に沿ってパソコンで書類を作って法務局に提出したら終わるものではないことはご理解いただけたのではないでしょうか。自分で登記申請を行うこと自体は悪いことでもありませんし、むしろ、それは応援されるべきことでもあると思っています。それと同時に、本書で書き切れない分量の法令や先例通達を理解して、これらの膨大な知識を依頼者のために反映させている専門職も決して軽んじるべき存在ではないと思っています。専門家は非常に厳しい試験を突破し、また普段から真摯に相続実務の仕事にあたっています。そして正しく登記実務が反映されるように、情報量の圧倒的差がある状況であっても、依頼者はイーブンの立場であり、その上で安定した信頼関係が成り立っているものだと信じています。

　本書は、ラーメン屋さんのスープのレシピの公開に近いものかと思います。レシピさえ手に入れば、プロと同じように完璧に再現できるかと言えばそうではありません。かけられる手間・時間や環境の差もありますし、細かな部分については、経験や積み上げた知識に裏打ちされた差が出てきます。相続登記の専門職として、プライドを持っているからこそ本書を執筆できたものと自負しています。

　本書刊行に当たっては、株式会社教育ビジネス出版社の編集者山下日出之氏をはじめ、ASトラストコンサルティング株式会社福井崇之氏にご助力をいただき、大変お世話になりました。末尾になりましたがお礼申し上げます。

本書を手に取られたみなさまの不安や悩みを解消し、または正しいモチベーションにつながること、より良い相続登記制度の発展につながることを祈念しています。

司法書士法人浅井総合法務事務所
司法書士　浅井　健司

【著者プロフィール】

浅井　健司（あさい　けんじ）

司法書士（愛知県司法書士会所属）
社会保険労務士（愛知県社会保険労務士会所属）
行政書士（愛知県行政書士会所属）
民事信託士（第一期）第 16-01-01 号
司法書士法人浅井総合法務事務所代表
社会保険労務士・行政書士浅井総合法務事務所代表
一般社団法人民事信託推進センター 業務執行理事
一般社団法人日本財産管理協会 認定会員（財産管理マスター）
信託法学会会員

《主な執筆》
『ケースブック不動産登記実務の重要論点解説〔第 2 版〕』（共著）2017 年 9 月（民事法研究会）
『よくわかる民事信託―基礎知識と実務のポイント』（共著）2019 年 12 月（ビジネス教育出版社）
『信託フォーラム Vol.18』「〈座談会〉大相続時代を迎えて～相続における予防司法と司法書士の役割～」2022 年 10 月（日本加除出版）
『相続・遺言・介護の悩み解決 終活大全』「親に話しにくいお金の話」（共著）2024 年 5 月（学研メディカル・ケア・サービス）

青山　直加（あおやま　なおか）

司法書士（愛知県司法書士会所属）
司法書士法人浅井総合法務事務所所員

櫻井　菜美子（さくらい　なみこ）

司法書士（愛知県司法書士会所属）
司法書士法人浅井総合法務事務所所員

15事例による 相続パターン別

よくわかる 相続登記申請のしかた

2025 年 4 月 1 日　初版第 1 刷発行

　著　　者　　浅井健司・青山直加・櫻井菜美子

　発 行 者　　延 對 寺 哲

　発 行 所　　㈱ビジネス教育出版社

　〒 102-0074　東京都千代田区九段南 4 - 7 - 13
　TEL 03(3221)5361(代表)／FAX 03(3222)7878
　E-mail ▶ info@bks.co.jp　URL ▶ https://www.bks.co.jp

落丁・乱丁はお取替えします。　　　　　　　　印刷・製本／シナノ印刷（株）
　　　　　　　　　　　　　　本文デザイン・DTP ／坪内友季　装丁／タナカデザイン

ISBN978 - 4 - 8283 - 1115 - 9

本書のコピー、スキャン、デジタル化等の無断複写は、著作権法上での例外を除き禁じられています。
購入者以外の第三者による本書のいかなる電子複製も一切認められておりません。

ビジネス教育出版社　関連図書のご案内

相続実務に役立つ"戸籍"の読み方・調べ方 【第三次改訂版】

小林直人（税理士）・伊藤崇（弁護士）・尾久陽子（行政書士）・
渡邊竜行（弁護士）／共著
Ａ５判・288ページ　定価：本体2,500円＋税
相続人を確定させるために必要な戸籍の仕組み・基礎知識から取り寄せ方、読み方までを分かりやすく解説したロングセラーに広域交付制度、相続登記の義務化、嫡出推定制度の改正等を反映した最新版。

相続手続きマニュアル事典

一般社団法人相続手続カウンセラー協会 代表理事 米田貴虎／著
Ａ４判・364ページ　定価：本体10,000円＋税
多岐にわたる相続の実務手続きを横断的につなぎ合わせ、オールカラー・図表中心で実用しやすい体系にまとめた書。

相続コンサルで押さえておきたい税金のポイント

梶山清児（税理士）／著
Ａ５判・176ページ　定価：本体1,600円＋税
中小企業オーナーや富裕層から相続に関する相談を受ける方々向けに、相続・贈与税の仕組みと実務上の留意点をわかりやすく具体的に解説。

よくわかる民事信託─基礎知識と実務のポイント

編集：（一社）民事信託士協会、（一社）民事信託推進センター
執筆：浅井健司・海野千宏・金森健一・澤邉 宏・鈴木 望・髙橋宏治・若山寿裕
Ａ５判・264ページ　定価：本体2,500円＋税
相続・事業承継の相談を受ける金融機関職員・FP等が、コンサルティングのために知っておくべき民事信託の活用例、法務、税務、口座開設・登記等の実務知識と留意点をQ&Aで解説。